T0300727

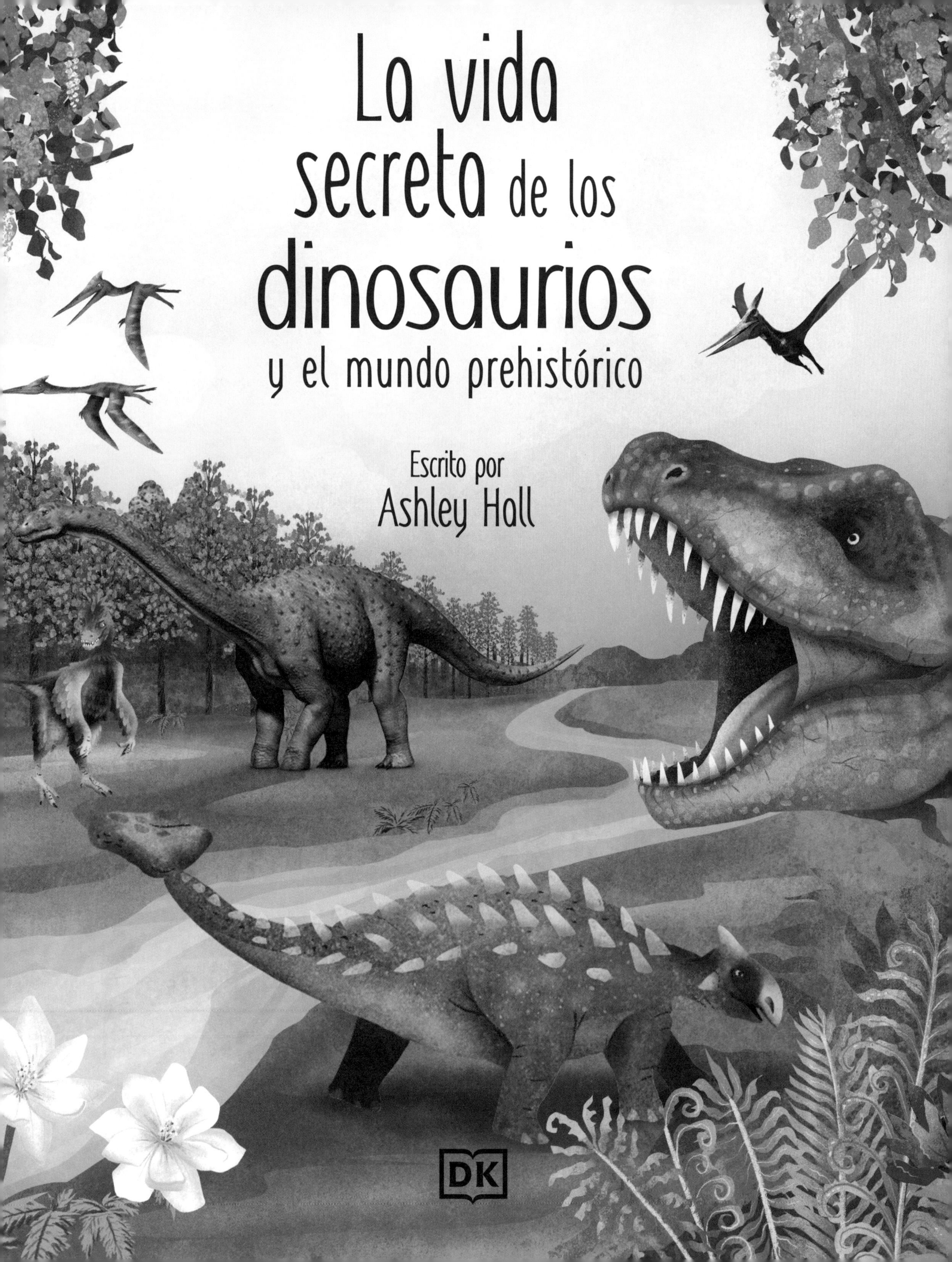

La vida secreta de los dinosaurios

y el mundo prehistórico

Escrito por
Ashley Hall

DK

Escrito por Ashley Hall
Ilustraciones de Claire McElfatrick
Edición del proyecto Sophie Parkes
Diseño Sonny Flynn
Edición Sarah MacLeod Bailey
Asistencia de diseño Hannah Moore
Documentación iconográfica Sakshi Saluja
Edición de producción sénior Dragana Puvacic
Control de la producción Rebecca Parton
Edición ejecutiva Penny Smith
Subdirección de arte Mabel Chan
Dirección editorial Sarah Larter

De la edición española
Coordinación editorial Cristina Sánchez Bustamante
Composición y maquetación Sara García Pérez
Traducción Ariadna Ausió Dot
Corrección Mariona Barrera Aguilera
Dirección editorial Elsa Vicente

Publicado originalmente en Gran Bretaña en 2024
por Dorling Kindersley Limited
DK, One Embassy Gardens,
8 Viaduct Gardens, Londres SW11 7BW
Parte de Penguin Random House

Copyright del texto © 2024 Dorling Kindersley Limited
Diseño y maquetación © 2024 Dorling Kindersley Limited
Traducción española: © 2024 Dorling Kindersley Limited

Título original: *Prehistoric Worlds*
Primera edición: 2024

Reservados todos los derechos.
Queda prohibida, salvo excepción prevista en la ley, cualquier forma de reproducción, distribución, comunicación pública y transformación de esta obra sin la autorización escrita de los titulares de la propiedad intelectual.

ISBN: 978-0-5938-4828-9

Impreso y encuadernado en China

www.dkespañol.com

Este libro se ha impreso con papel certificado por el Forest Stewardship Council™ como parte del compromiso de DK por un futuro sostenible. Para más información, visita **www.dk.com/uk/information/sustainability**

INTRODUCCIÓN

Cuando piensas en la paleontología, ¿te vienen a la cabeza los dinosaurios? La paleontología es la ciencia que estudia los seres vivos del pasado, y los dinosaurios son solo una de las millones de formas de vida fascinantes, extrañas y maravillosas que se han desarrollado en nuestro planeta.

Cuando era pequeña, estaba obsesionada con los dinosaurios y ahora que soy adulta ¡me siguen fascinando! Como paleontóloga, comparto mi pasión por los fósiles con las escuelas y los visitantes de los museos. Estudiar fósiles no solo es divertido, sino que, además, y lo que es más importante, nos sirve para descubrir los misterios de la vida en la Tierra en los tiempos prehistóricos y nos enseña cómo preservar en un futuro los frágiles ecosistemas existentes.

Espero que este libro despierte tu pasión por los dinosaurios y por todo lo relacionado con la paleontología. ¡Vamos a explorar juntos estos increíbles mundos prehistóricos!

Ashley Hall

Ashley Hall

CONTENIDOS

4 Cómo estudiamos los mundos prehistóricos
6 ¿Qué es un fósil?
8 Cronología prehistórica
10 La paleontología requiere geología
12 ¡No todo son dinosaurios!

14 Era paleozoica
16 Período pérmico
18 *Dimetrodon*
20 Océanos paleozoicos
22 *Estemmenosuchus*
24 Plantas del Pérmico
26 La Gran Mortandad

28 La edad de los dinosaurios
30 Era mesozoica
32 Animales del Triásico
34 Océanos del Triásico
36 Valle de la Luna
38 Período jurásico
40 *Yi qi*
42 Océanos jurásicos
44 La evolución de las aves
46 La Costa Jurásica
48 Clasificación de los dinosaurios
50 *Parasaurolophus*
52 La paleobiología de los dinosaurios
54 Formación Hell Creek
56 Océanos del Cretácico
58 Cuándo se murieron los dinosaurios

60 Después de los dinosaurios
62 La edad de los mamíferos
64 Mamut lanudo
66 Gigantes cenozoicos

68 Los mundos prehistóricos y yo
70 Del trabajo sobre el terreno al laboratorio
72 ¿Qué nos queda por aprender?
74 Dedicarse a la paleontología

76 Glosario e índice
78 Animales prehistóricos de cada período
80 Agradecimientos

CÓMO ESTUDIAMOS LOS MUNDOS PREHISTÓRICOS

El estudio de las formas de vida –como los animales, las plantas, los hongos o las bacterias– del pasado y los restos que han quedado de ellos se conoce como paleontología.

Los restos de algunos de los seres vivos que vivieron en el pasado se han conservado como fósiles, de la misma forma que los organismos que viven en la actualidad también pueden preservarse como fósiles para el futuro.

Los paleontólogos estudian los mundos prehistóricos a través del estudio de los fósiles.

Sigue leyendo para descubrir cómo los fósiles pueden desvelar los secretos del fascinante pasado de la Tierra.

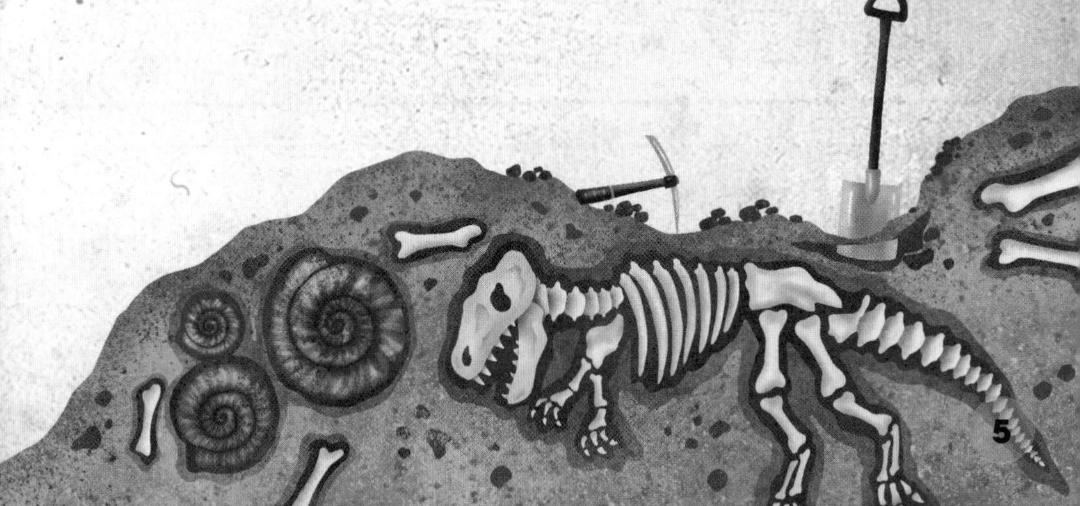

¿Qué es un fósil?

Los fósiles son los restos de organismos de otra época que se han conservado hasta nuestros días y que podemos estudiar para obtener información sobre los mundos prehistóricos.

TIPOS DE FOSILIZACIÓN

Los fósiles se pueden formar de muchas maneras. Uno de los procesos de fosilización más comunes es la petrificación, por el cual los minerales rellenan el espacio donde antes había tejido blando. Sin embargo, los organismos muertos se pueden preservar en el tiempo de muchas otras maneras.

Carbonización

La carbonización se produce cuando se somete a un organismo a muchísima presión, de modo que se conserva como una capa fina de carbono. Los fósiles de plantas y peces se preservan a menudo de este modo

Madera petrificada

Petrificación

En este proceso, los minerales microscópicos que lleva el agua se depositan en los restos de un organismo y remplazan poco a poco su tejido blando, que se va endureciendo hasta formar un fósil.

Congelación

Los animales y las plantas de la Edad de Hielo, que tienen miles de años, se pueden encontrar congelados en el hielo junto con la piel, el pelo, las plumas y las hojas todavía en perfecto estado de conservación.

Silene stenophylla

¡Los científicos hicieron crecer esta planta a partir de una semilla de 32 000 años de antigüedad que encontraron conservada en el permafrost!

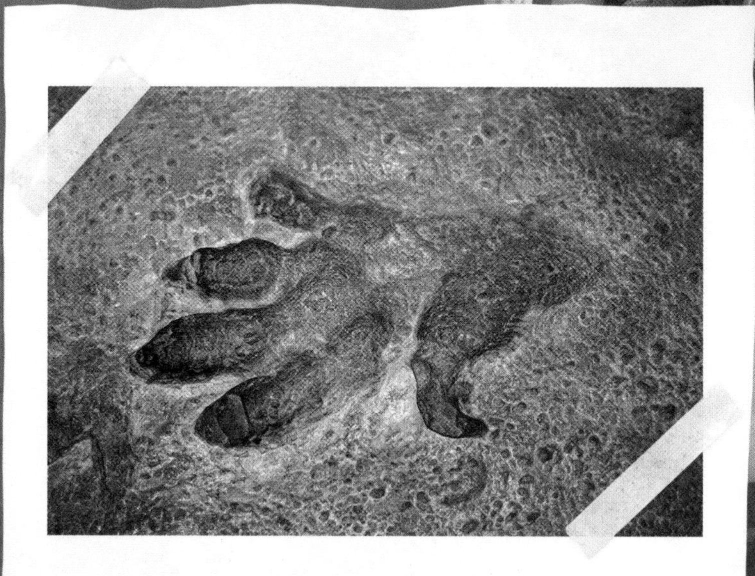

Moldes

Los moldes naturales, como las huellas, las cáscaras o las plantas, pueden rellenarse con sedimentos, tales como arena, barro, o cieno, para crear impresiones en 3D.

Cola de dinosaurio preservada en ámbar

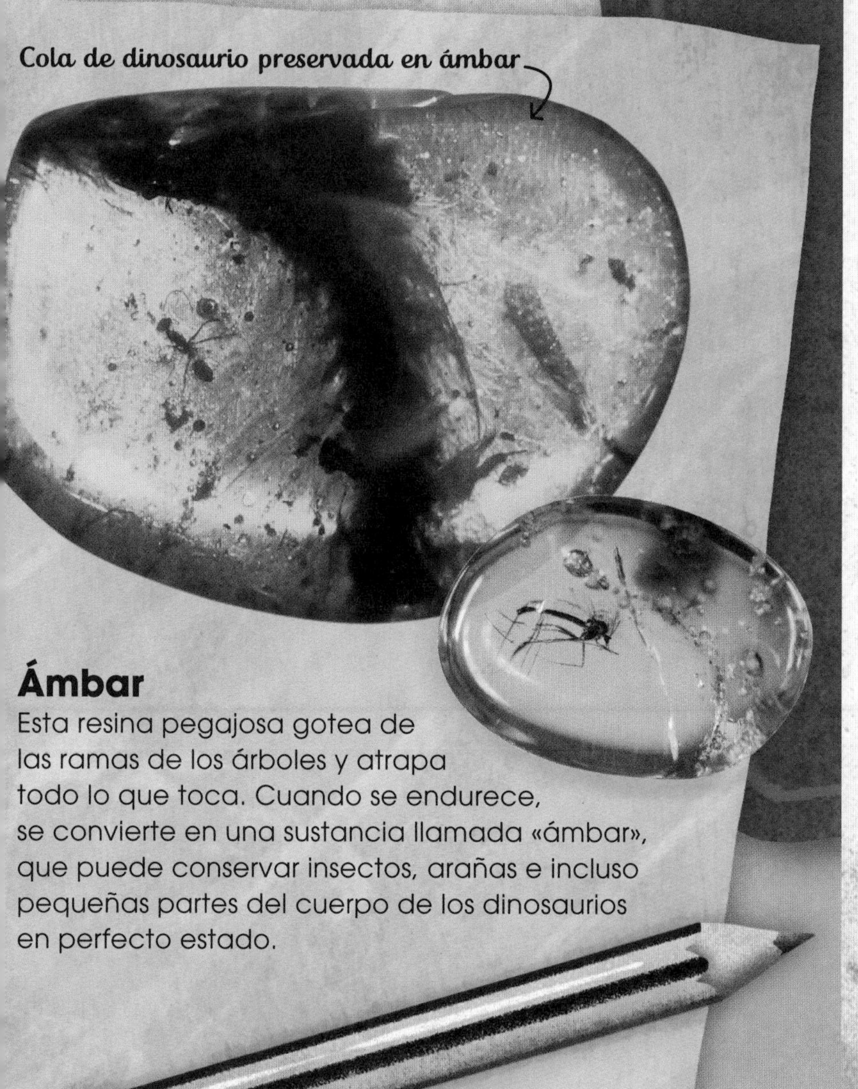

Ámbar

Esta resina pegajosa gotea de las ramas de los árboles y atrapa todo lo que toca. Cuando se endurece, se convierte en una sustancia llamada «ámbar», que puede conservar insectos, arañas e incluso pequeñas partes del cuerpo de los dinosaurios en perfecto estado.

CÓMO SE FORMA UN FÓSIL

¡Los fósiles son muy especiales! **Solo el uno por ciento de todos los seres vivos** que han habitado la Tierra ha tenido la suerte de convertirse en fósil. Algunos son extremadamente inusuales.

Fase 1
Un organismo muere y deja un rastro.

Fase 2
Queda rápidamente enterrado en la arena, el barro, la brea, el hielo o el sedimento de ríos, estanques o lagos.

Fase 3
Permanece bajo tierra durante miles, cientos de miles, millones o miles de millones de años.

Fase 4
La erosión de los fuertes vientos, la corriente del agua, los glaciares o los terremotos lo dejan a la vista hasta que lo descubre un paleontólogo.

Holoceno

(hace 10 000 años)

Pleistoceno

(hace 1,8 millones de años)

Plioceno

(hace 5,3 millones de años)

Mioceno

(hace 23 millones de años)

Oligoceno

(hace 33,9 millones de años)

Eoceno

(hace 55,8 millones de años)

Paleoceno

(hace 65,5 millones de años)

ERA CENOZOICA

La era cenozoica, o era de los mamíferos, abarca los últimos 66 millones de años hasta el presente. Tras la extinción de los dinosaurios no aviarios, los mamíferos, que entonces eran del tamaño de un ratón, evolucionaron y se diversificaron, dando lugar a una inmensa variedad de especies, y los peces, los pájaros y los reptiles, entre otros, se convirtieron en los animales que habitan la Tierra en la actualidad.

Felino de dientes de sable
Los colmillos largos y afilados le permitían cazar animales de grandes dimensiones.

Cráneo de Smilodon

Diente de Megalodon

El tiburón más grande
El *Otodus megalodon* se extinguió hace solo 3 millones de años.

Cráneo de Coronodon

Ballena primitiva
El *Coronodon* es un tipo de ballena prehistórica.

Antepasado de la ballena
Las ballenas evolucionaron a partir de pequeños mamíferos semiacuáticos, como los *Pakicetus*.

Pakicetus

Cretácico

(hace 145,5 millones de años)

ERA MESOZOICA

La era mesozoica empezó después de una enorme extinción y finalizó con otra. Los dinosaurios, los pterosaurios y los reptiles marinos dominaron la Tierra durante 180 millones de años.

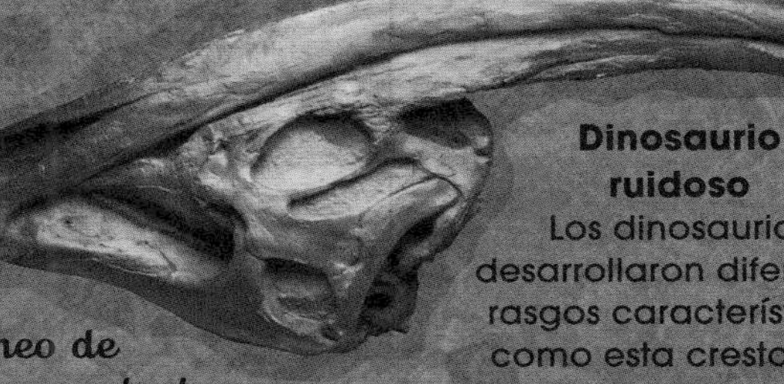

Cráneo de Parasaurolophus

Dinosaurio ruidoso
Los dinosaurios desarrollaron diferentes rasgos característicos, como esta cresta que sonaba como una tuba.

Jurásico

(hace 199,6 millones de años)

Triásico

(hace 252,2 millones de años)

Pérmico

(hace 299 millones de años)

Pensilvánico

(hace 318 millones de años)

Misisípico

(hace 359,2 millones de años)

Devónico

(hace 416 millones de años)

Silúrico

(hace 443 millones de años)

Ordovícico

(hace 448,3 millones de años)

Cámbrico

(hace 542 millones de años)

Proterozoico

(hace 2500 millones de años)

Arcaico

Cráneo de *Allosaurus*

Dinosaurio depredador
El *Allosaurus* cazaba y comía dinosaurios enormes como el *Diplodocus*.

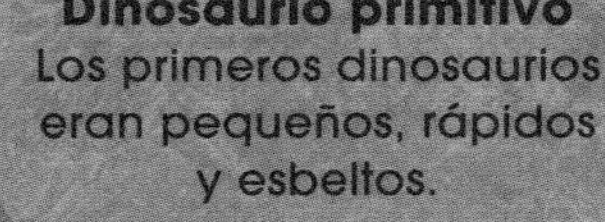

Dinosaurio primitivo
Los primeros dinosaurios eran pequeños, rápidos y esbeltos.

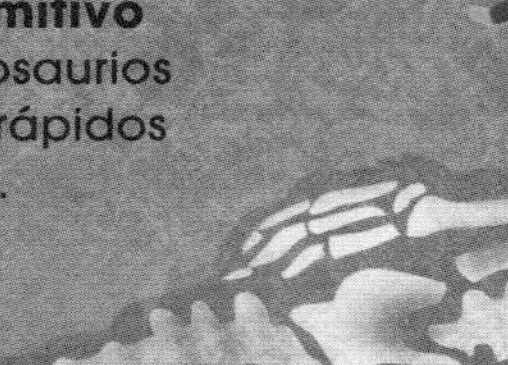

Esqueleto de *Coelophysis*

ERA PALEOZOICA

La era paleozoica fue una época de grandes cambios. Las primeras formas de vida evolucionaron, se diversificaron y se adaptaron: pasaron de nadar en el mar a caminar por tierra.

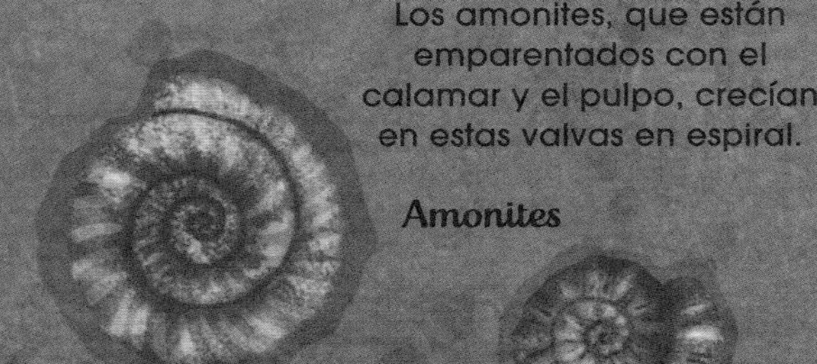

Moluscos marinos
Los amonites, que están emparentados con el calamar y el pulpo, crecían en estas valvas en espiral.

Amonites

Cráneo de *Dimetrodon*

Gobernantes mamíferos
Antes de los dinosaurios, estos grandes mamíferos parecidos a un lagarto dominaban la Tierra.

Cronología prehistórica

Desde que se formó la Tierra hace 4600 millones de años, la historia se ha preservado en las capas terrestres como si se tratara de fósiles. Gracias a ellas, hemos descubierto todo lo que sabemos sobre los mundos prehistóricos. Aquí están los distintos períodos de la historia que abordaremos en este libro.

Braquiópodo

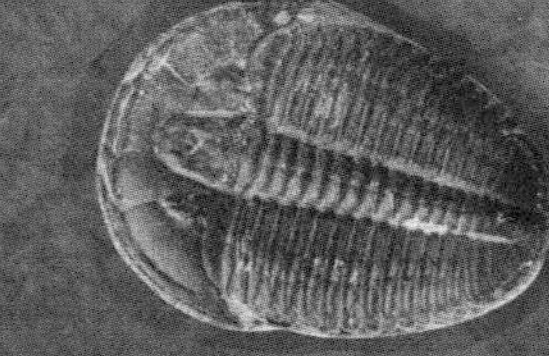

Equinodermo

Trilobites

ERA PRECÁMBRICA

Es la era más antigua de la historia de nuestro planeta: comenzó cuando se formó la Tierra, hace 4600 millones de años. La vida en la Tierra empezó como mínimo hace 3700 millones de años y continúa hasta nuestros días.

Los primeros fósiles
Los primeros fósiles que se conocen son microorganismos que se encontraron en unas rocas de sílex australianas de hace 3400 millones de años.

La paleontología requiere geología

Para encontrar fósiles, primero debemos estudiar geología: la ciencia de la estructura de la Tierra y de los procesos que actúan en ella. Desde los inicios de la Tierra hace 4600 millones de años, se han ido formando capas en la superficie terrestre como si de un pastel de capas gigante se tratara, creando su corteza. Se pueden apreciar distintas capas de rocas visibles en distintas partes del mundo llamadas «formaciones».

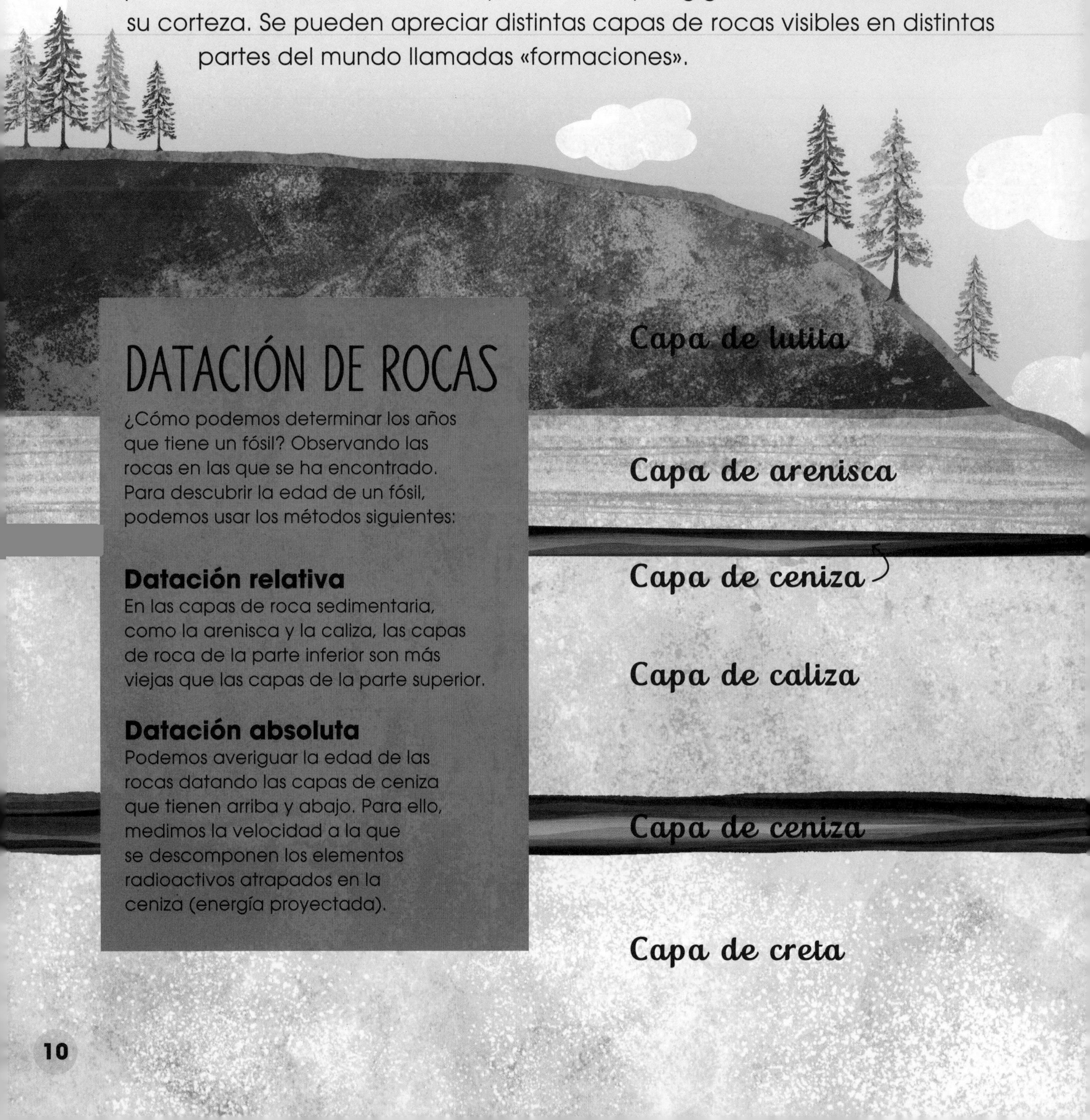

DATACIÓN DE ROCAS

¿Cómo podemos determinar los años que tiene un fósil? Observando las rocas en las que se ha encontrado. Para descubrir la edad de un fósil, podemos usar los métodos siguientes:

Datación relativa
En las capas de roca sedimentaria, como la arenisca y la caliza, las capas de roca de la parte inferior son más viejas que las capas de la parte superior.

Datación absoluta
Podemos averiguar la edad de las rocas datando las capas de ceniza que tienen arriba y abajo. Para ello, medimos la velocidad a la que se descomponen los elementos radioactivos atrapados en la ceniza (energía proyectada).

Evolución

El estudio de la geología y los fósiles puede ayudarnos a comprender cómo ha cambiado la vida con el paso del tiempo. Este proceso se conoce como «evolución», y es una parte natural y visible de la vida que todavía tiene lugar hoy en día. Los científicos estudian la evolución para entender cómo está relacionada toda la vida de la Tierra, puesto que todos los seres vivos han evolucionado a partir de un antepasado común.

«A partir de un principio tan sencillo, han evolucionado y siguen evolucionando infinitas formas bellísimas y maravillosas».
Charles Darwin

NUESTRA TIERRA EN EVOLUCIÓN

Aunque no podemos ver cómo se mueven, los continentes de la Tierra han estado en movimiento durante miles de millones de años. Se desplazan entre 1 y 20 milímetros al año; este proceso se llama «tectónica de placas».

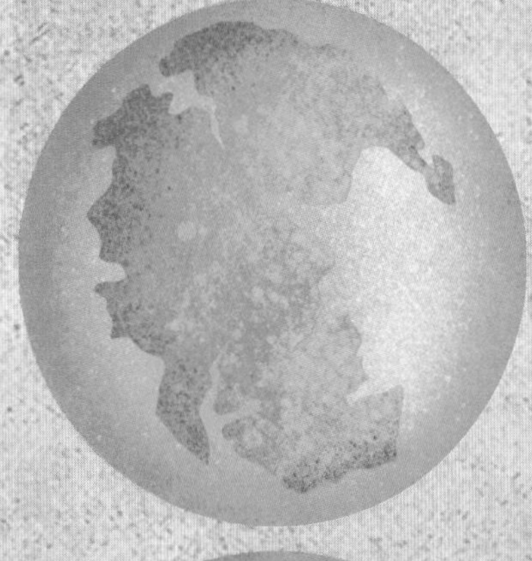

Hace 251 millones de años
En el Triásico, todos los continentes estaban unidos en un supercontinente conocido como «Pangea». Los animales podían cruzarlo de punta a punta.

Hace 150 millones de años
En el Jurásico, Pangea se separó en dos continentes enormes: Laurasia y Gondwana. Entre ellos se interpusieron mares llenos de vida.

Hace 66 millones de años
En el Cretácico, los continentes se encontraban casi en la misma posición en la que están hoy en día. Algunos estaban cubiertos de agua.

Actualidad
Hay siete continentes y cinco océanos. Los científicos creen que se formará otro supercontinente dentro de 200 o 300 millones de años.

¡No todo son dinosaurios!

A medida que leas este libro, recuerda que no todas las especies extinguidas son dinosaurios. A veces se utiliza la palabra «dinosaurio» para describir un animal extinguido cuando, en realidad, los dinosaurios son un grupo especial de animales.

Pteranodon

Reptil volador
Los pterosaurios son un grupo de reptiles voladores que existieron en la misma época que los dinosaurios durante la era mesozoica.

Antepasado del elefante
Estos grandes mamíferos de la Edad de Hielo tienen un gran parentesco con los elefantes africanos y asiáticos.

Felino de dientes de sable

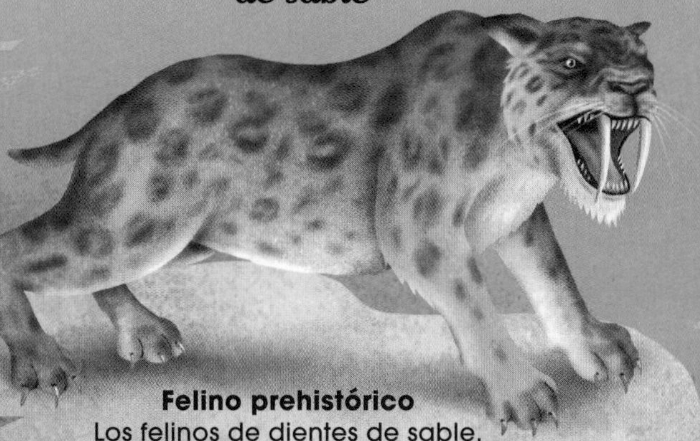

Mamut lanudo

Felino prehistórico
Los felinos de dientes de sable, o *Smilodon*, son mamíferos de la Edad de Hielo que guardan un gran parentesco con los felinos.

Mosasaurio

Reptil nadador
Los mosasaurios son reptiles marinos que guardan un mayor parentesco con las serpientes y los lagartos monitor que con los dinosaurios.

No somos dinosaurios

Muchas criaturas, como los reptiles nadadores y voladores, existieron junto con los dinosaurios. Aunque los dinosaurios se parecen a algunos de estos animales, constituyen un grupo aparte.

Alas extrañas
Las alas del dinosaurio *Yi qi*, parecidas a las de un murciélago, están hechas de membranas (piel resistente) en lugar de plumas.

Somos dinosaurios

Los dinosaurios, como el *Parasaurolophus* y el *Styracosaurus*, son un grupo especial de reptiles que evolucionaron durante la era mesozoica.

¿Las aves son dinosaurios?

¡Las aves son dinosaurios vivos! Fueron los únicos dinosaurios que sobrevivieron a la extinción de hace 66 millones de años.

¿Qué es un dinosaurio?

Los dinosaurios están todos emparentados y comparten las mismas características: una postura erguida con las patas debajo del cuerpo y sin extenderse hacia los lados, dos orificios en el cráneo detrás de los ojos y la capacidad de poner huevos como otros reptiles y aves.

Lagarto acorazado
El *Stegosaurus*, un dinosaurio acorazado, vivió hace 150 millones de años durante el período jurásico.

El rey de los lagartos
El *Tyrannosaurus rex* es un dinosaurio que vivió hace 66 millones de años en el Cretácico superior.

ERA PALEOZOICA

Hace entre 538 y 252 millones de años, durante la era paleozoica, la vida evolucionó creando una gran variedad de grupos de animales. Muchos de ellos todavía existen, como los peces y los reptiles.

Esta era empezó con un acontecimiento importante conocido como la «explosión cámbrica», en la que los pequeños organismos oceánicos unicelulares empezaron a evolucionar hasta convertirse en **formas de vida extrañas, nuevas y complejas**, como los trilobites que se muestran aquí. Los trilobites, que cuentan con un caparazón duro, proliferaron tan bien que vivieron en los océanos del mundo durante 270 millones de años antes de desaparecer durante una extinción masiva.

¿Quieres saber más sobre la era paleozoica, **una época apasionante para la evolución de los reptiles**? ¡Pues sigue leyendo!

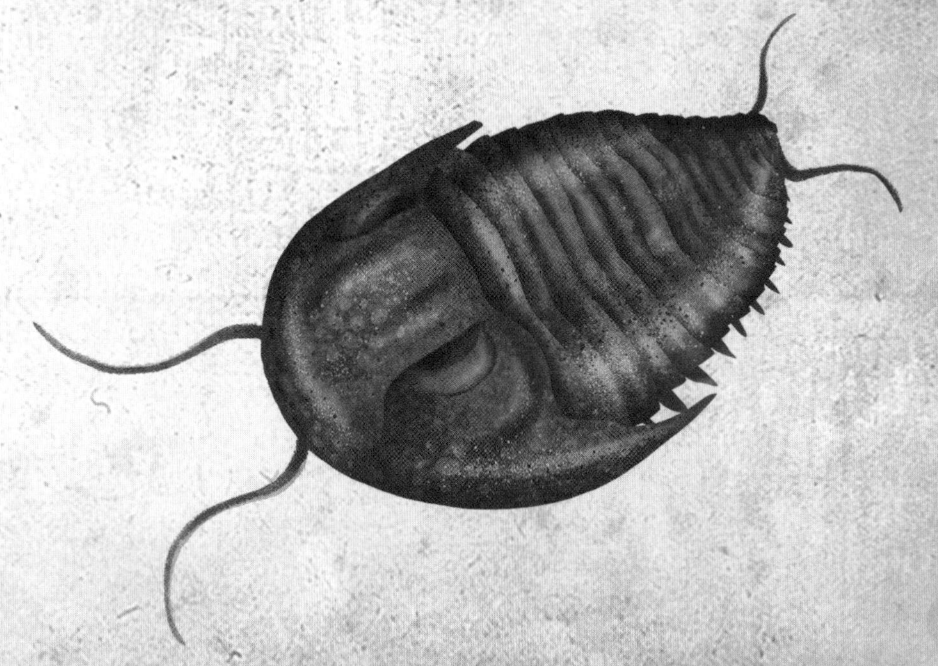

Período pérmico

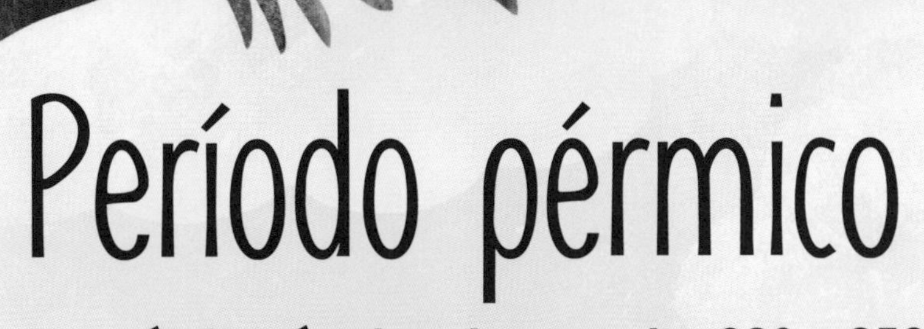

El período pérmico, hace entre 298 y 252 millones de años, fue una época de grandes cambios para la Tierra. La vida evolucionó con rapidez y los continentes, poco a poco, se juntaron en un supercontinente gigante llamado «Pangea».

La vida antes de los dinosaurios

En esa época, antes de que los dinosaurios evolucionaran, el *Dimetrodon* y otros grandes reptiles eran los principales depredadores de la Tierra.

Dimetrodon

Diplodocus

Eryops

Del agua a la tierra

Los anfibios evolucionaron hasta convertirse en peces, desarrollaron pulmones y aletas con extremidades óseas. En el Pérmico, los anfibios como el inmenso *Eryops* y el *Diplocaulus*, con la cabeza en forma de búmeran, vivían tanto en tierra firme como en el agua.

Dos cuernos

El *Diplocaulus* tenía un cráneo con dos cuernos. Las marcas de mordeduras que se encontraron en su cráneo fosilizado indican que el *Dimetrodon* habría cazado el *Diplocaulus* arrastrándolo con el hocico desde su madriguera.

Diplocaulus

Insectos gigantes
El *Meganeura* era una libélula gigante con una envergadura de 71 centímetros. Zumbaba en lo alto, cazando insectos y otros invertebrados.

La vida en tierra firme

El clima del Pérmico era húmedo y pantanoso cerca de las costas y seco en el interior, unas condiciones ideales para que proliferaran los reptiles. El *Edaphosaurus* y el *Cotylorhynchus* fueron algunos de los primeros reptiles herbívoros de grandes dimensiones conocidos.

Parientes de los dinosaurios
El *Araeoscelis* es uno de los primeros diápsidos que se conocen. Se trata de un grupo de pequeños reptiles parecidos al lagarto que están estrechamente emparentados con los dinosaurios.

Dimetrodon

Con una gran vela a lo largo de la espalda y una boca llena de dientes afilados y puntiagudos, el *Dimetrodon* es uno de los animales prehistóricos más emblemáticos jamás descubiertos. Con una longitud de aproximadamente 3,5 metros y un peso de más de 180 kilos, este reptil fue uno de los principales depredadores del período pérmico.

¿Para qué servía la vela?

El *Dimetrodon* fue un carnívoro que cazaba anfibios y tiburones de agua dulce.

Dientes fuertes

Dimetrodon significa «dos medidas de dientes». Tenía tanto dientes afilados y cortantes como dientes serrados (con bordes irregulares) que le permitían rasgar la carne dura.

Una mordedura cruel
Los científicos han encontrado marcas de mordeduras de dientes de *Dimetrodon* en los huesos de otros *Dimetrodon*.

... ¡Los paleontólogos siguen preguntándoselo!

El *Dimetrodon* fue uno de los primeros animales con los dientes serrados.

¿Qué soy?

Lo creas o no, ¡el *Dimetrodon* está más emparentado contigo que con los dinosaurios! Ambos mamíferos, el ser humano y el *Dimetrodon*, son sinápsidos: un grupo de animales con cuatro extremidades y un orificio detrás de cada cavidad ocular.

Vela alta
Los huesos alargados de la espalda formaban la vela, que se utilizaba para atraer a la pareja o para ahuyentar a otros machos.

Habitante de pantanos
El *Dimetrodon* se adaptó a una gran variedad de hábitats, pero se encontraba mayoritariamente en los pantanos.

Océanos paleozoicos

Pantalasa, el océano que rodeaba Pangea, estaba lleno de criaturas extrañas y maravillosas que evolucionaron durante la era paleozoica. Fue una época en la que los organismos unicelulares sencillos fueron evolucionando hasta convertirse en animales más complejos.

El *Falcatus* macho tenía una gran espina dorsal sobre la cabeza que apuntaba hacia delante.

Falcatus

EXPLOSIÓN CÁMBRICA

Esta época fascinante de la Tierra se conoce como explosión cámbrica. Todos los principales grupos de animales evolucionaron durante este período de entre 13 y 25 millones de años. Fue durante este período cuando aparecieron los primeros ojos, las primeras columnas vertebrales, las primeras branquias y las primeras bocas.

Stethacanthus

Este pez tenía una aleta dorsal con una forma extraña cubierta por hileras de dentículos escamosos (protuberancias en forma de dientes). Se desconoce el uso que les daba.

Helicoprion

Este pez en forma de tiburón es famoso por su horripilante espiral de dientes. Seguramente la utilizaba para introducirse presas blandas en la boca.

Fósil de dientes de *Helicoprion*

CRIATURAS MARINAS

Durante la explosión cámbrica, los invertebrados marinos —animales sin columna vertebral, como los moluscos y los artrópodos— evolucionaron y se desarrollaron. Los animales que habían tenido un cuerpo blando desarrollaron patas, ojos complejos, armaduras y formas de protegerse. Los vertebrados como los peces y los tiburones también llenaron los mares.

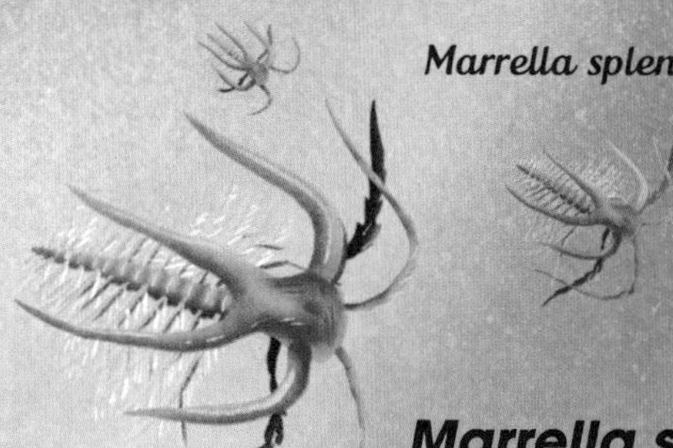

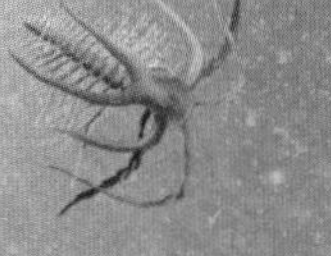

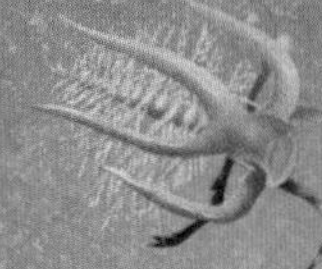

Marrella splendens

Este extraño artrópodo primitivo es el fósil más común encontrado en la zona del esquisto de Burgess en Canadá. Se han recogido más de 25 000 ejemplares.

Goniatites

Soliclymenia

Crinoideos

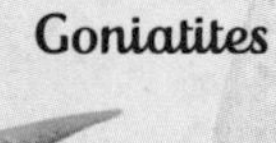

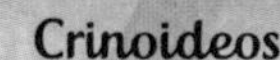

Corales

Soliclymenia

El *Soliclymenia*, que pertenecía a la familia de los moluscos (que incluye a los pulpos y a los caracoles), es un amonites primitivo, un animal con valva extinguido. Su caparazón está enrollado de forma irregular.

Braquiópodos

Tiktaalik roseae

Utilizaba las extremidades para subir a tierra firme.

LAS PRIMERAS PATAS EN LA TIERRA

Los tetrápodos, como los *Tiktaalik roseae*, eran vertebrados con cuatro extremidades que podían arrastrarse por tierra. Evolucionaron a partir de peces hace 385 millones de años. Todos los tetrápodos, incluidos los dinosaurios, los anfibios, los lagartos y los mamíferos, evolucionaron a partir de estos antepasados acuáticos.

Estemmenosuchus

Estemmenosuchus significa «cocodrilo coronado» en griego, aunque estos animales no tienen ninguna relación con los cocodrilos. Entonces, ¿qué eran estas extrañas criaturas del Pérmico? Aunque parecían un cruce entre un dinosaurio, un cerdo y un cocodrilo, en realidad eran terápsidos, unos primos lejanos de los mamíferos actuales.

Nadador de pantanos
El *Estemmenosuchus* podría haber pasado tiempo en las ciénagas y los pantanos debido a su piel similar a la del hipopótamo.

¿Piel, escamas o pelo?

Las marcas cutáneas descubiertas en el rostro del *Estemmenosuchus* indican que tenía la piel como un mamífero sin pelo, ni escamas. Los osteodermos (diminutos huesos incrustados) hacían que tuviera la piel abultada.

Cuernos defensivos
Tenía dos cuernos grandes que podría haber utilizado para exhibirse o defenderse.
Dientes afilados
Poseía unos colmillos grandes y afilados que seguramente usaba para luchar.

CABEZAS ESPANTOSAS

Los *Estemmenosuchus* eran unos terápsidos del Pérmico llamados dinocéfalos, que significa «cabezas espantosas», debido a los bultos, los cuernos y las protuberancias de sus cráneos inmensos.

El *Estemmenosuchus* adulto podía llegar a medir 3 metros de longitud, ¡más que una vaca!

Omnívoro
El *Estemmenosuchus* era omnívoro, es decir, comía tanto carne como plantas.

Luchador fuerte

Su postura erguida en cuclillas y sus hombros grandes y musculosos convertían a este terápsido en un animal fuerte, seguramente para luchar contra una presa o con otros *Estemmenosuchus*.

Plantas del Pérmico

Las plantas del período pérmico eran una importante fuente de alimento para los animales terrestres. Los altos licopodios, los frondosos helechos y las colas de caballo llenaban los pantanos del Pérmico, mientras que los ginkgos y las coníferas crecían en los lugares más secos.

Fósiles vivientes

Aunque muchas de estas plantas parecen de otro mundo, la mayoría de estas variedades han sobrevivido a todas las extinciones. Sus descendientes todavía existen hoy en día en la Tierra como «fósiles vivientes».

CONÍFERAS

Las coníferas o pinos, como el *Walchia*, eran muy altos y formaban copas sombreadas en las regiones más secas.

GINKGOS

Los ginkgos sin floración se reproducen esparciendo las semillas y comparten un antepasado común con las cícadas.

El estudio de los fósiles de helecho semillero *Glossopteris* permitió a la comunidad científica descubrir que todos los continentes de la Tierra estuvieron conectados en un supercontinente llamado Gondwana.

CÍCADAS

Las cícadas tienen un tronco leñoso con copas de hojas grandes y rígidas. Hoy en día todavía existen en los bosques.

COLAS DE CABALLO

Las colas de caballo incluyen el género *Calamites*, unas plantas extinguidas que parecían árboles que podían llegar a medir 50 metros de altura.

HELECHOS SEMILLEROS

Los helechos semilleros fueron el primer grupo de plantas que produjo semillas en lugar de esporas para reproducirse.

LICOPODIOS

Los licopodios, como el *Lepidodendron*, crecieron hasta llegar a los 50 metros de altura. Las hojas les crecían en el tronco.

La Gran Mortandad

En la mayor extinción masiva de la Tierra, la extinción del Pérmico-Triásico (también llamada la Gran Mortandad), desapareció sorprendentemente el 90 por ciento de toda la vida marina y el 70 por ciento de toda la vida terrestre.

¿Qué se extinguió?

A medida que la Tierra se volvía más cálida y seca, los bosques desaparecieron, así como los animales que dependían de las plantas del bosque para alimentarse y refugiarse. La mayoría de los reptiles de grandes dimensiones se extinguieron, mientras que los seres vivos pequeños y adaptables sobrevivieron.

La extinción del Pérmico-Triásico

La Gran Mortandad se produjo a finales del período pérmico, hace 252 millones de años. A diferencia de la extinción que tuvo lugar a finales del período cretácico, que causó la desaparición repentina de los dinosaurios (excepto las aves), la extinción del Pérmico-Triásico se produjo de forma lenta y gradual debido a un cambio climático.

Las erupciones volcánicas de los traps siberianos seguramente fueron una de las causas principales de esta extinción.

Vida vegetal
Es posible que las plantas fueran la primera especie que sufrió los efectos de esta extinción.

Toda la extinción duró entre **3 y 15 millones de años.**

Pleuromeia

Lystrosaurus

El gran superviviente
El *Lystrosaurus* podía excavar, lo que seguramente le sirvió para sobrevivir.

¿Qué especies sobrevivieron?

El *Lystrosaurus*, un pequeño terápsido dicinodonte (un reptil parecido a un mamífero) sobrevivió, al igual que los terápsidos cinodontes, un grupo que incluye a los antepasados de los mamíferos. Los supervivientes resistieron el ambiente tóxico y dieron origen a un nuevo grupo de animales: los dinosaurios.

¿Cuál fue la causa?

La causa de la Gran Mortandad fue un cambio climático, después de que se liberara dióxido de carbono de las erupciones volcánicas enormes que se produjeron en los traps siberianos, en la actual Rusia. Este dióxido de carbono provocó que la temperatura de la Tierra aumentara y los océanos se volvieran más ácidos, lo que hizo imposible la supervivencia de muchos seres vivos.

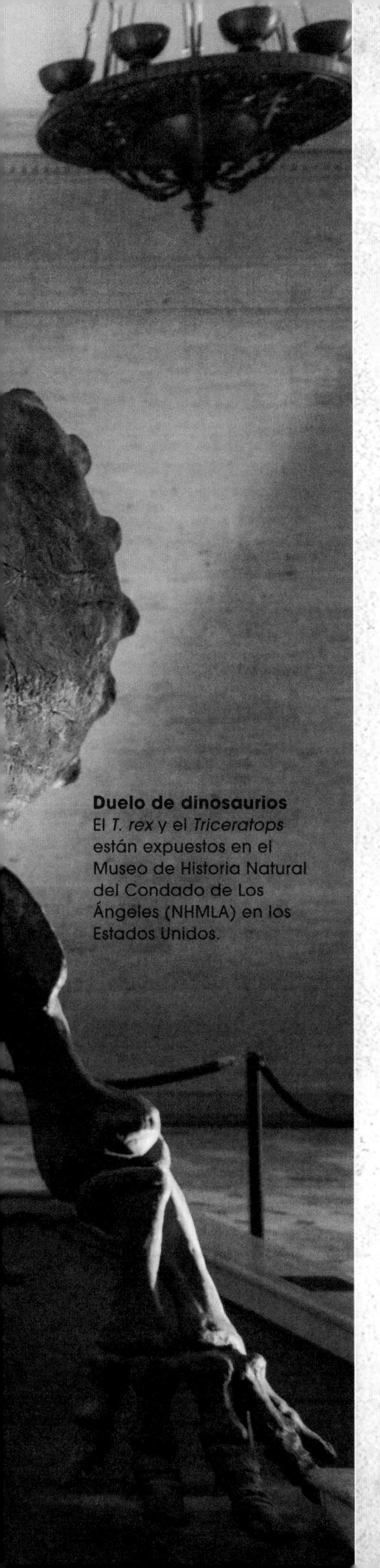

Duelo de dinosaurios
El *T. rex* y el *Triceratops* están expuestos en el Museo de Historia Natural del Condado de Los Ángeles (NHMLA) en los Estados Unidos.

LA EDAD DE LOS DINOSAURIOS

Después de la extinción del Pérmico-Triásico, la vida se fue recuperando lentamente y proliferó un nuevo grupo de animales: los dinosaurios, que evolucionarían hasta convertirse en los mayores animales terrestres del mundo.

Los dinosaurios evolucionaron hace 250 millones de años y vivieron durante 180 millones de años. Gracias a la paleontología, ahora podemos encontrar huesos, huellas, coprolitos (excrementos fosilizados), huevos y muchos otros tipos de fósiles de dinosaurios en museos de todo el mundo.

Si quieres obtener toda la información sobre el **fascinante mundo de los dinosaurios**, sigue leyendo.

Era mesozoica

La era mesozoica se divide en tres períodos distintos: ¿por qué? Porque cada fin de un período representa una extinción, momento en que varios grupos de animales y plantas se extinguieron y dieron lugar a nuevas formas de vida en ese lugar. Se produjeron tres extinciones durante la era mesozoica y cada una de ellas tuvo lugar por un motivo distinto.

PERÍODO TRIÁSICO

Los inicios de los dinosaurios (hace 252-201 millones de años)

Muy pocos animales sobrevivieron a la extinción del Pérmico-Triásico. Una vez desaparecidos estos animales, durante el período triásico pudieron evolucionar otros en su lugar. Los dinosaurios evolucionaron a partir de pequeños arcosaurios bípedos (de dos patas) y aparecieron los primeros reptiles marinos. El período finalizó con un cambio climático causado por erupciones volcánicas.

Plateosaurus

Tres de las cinco extinciones masivas principales de todos los tiempos se produjeron durante la era mesozoica.

Silesaurus

Herrerasaurus

Ichthyosaurus

PERÍODO JURÁSICO

Pterodactylus

La época de los gigantes (hace 201-145 millones de años)

El supercontinente Pangea se dividió. Los ictiosaurios y los plesiosaurios dominaban el mar, los dinosaurios saurópodos, la tierra, y los pterosaurios, el cielo. Los pequeños mamíferos y las aves evolucionaron. Un cambio climático y la disminución del oxígeno en los océanos (anoxia) marcaron el fin del período jurásico.

Brachiosaurus

Stegosaurus

Allosaurus

PERÍODO CRETÁCICO

Microraptor

La última era de los dinosaurios (hace 145-66 millones de años)

Los dinosaurios de todas las formas y tamaños, desde el *Microraptor*, el terópodo más pequeño, hasta el *Patagotitan*, el saurópodo más grande, evolucionaron. Aparecieron también las plantas de floración. Había dinosaurios, pterosaurios, reptiles marinos y plantas en todos los continentes del mundo, incluida la Antártida. El último período de los dinosaurios no aviarios duró 79 millones de años hasta la última extinción mesozoica, la extinción del Cretácico-Paleógeno (K-Pg).

Velociraptor

Patagotitan

Iguanodon

¿Los chaparrones traen... dinosaurios?

En el Triásico superior, hace 234-232 millones de años, el clima pasó de seco y cálido a muy húmedo en un acontecimiento llamado Episodio Pluvial de Carnian. Las erupciones volcánicas en Canadá liberaron enormes cantidades de gases de efecto invernadero, lo cual calentó la Tierra y provocó lluvias en todo el mundo durante un período de entre 1 y 2 millones de años. Como resultado, proliferaron las plantas y los dinosaurios se diversificaron.

Animales del Triásico

Durante la extinción del Pérmico-Triásico, un cambio climático provocó que el aire y el agua se volvieran nocivos para todos los seres vivos. Durante el período triásico que vino después, el aire mejoró y la vida se recuperó. Fue entonces cuando evolucionaron los primeros mamíferos, los dinosaurios y los pterosaurios (reptiles voladores).

Eoraptor

Eudimorphodon

Fitosaurio

DINOSAURIOS

Estos reptiles tenían un nuevo tipo de cadera que les colocaba las patas debajo del cuerpo.

La revolución de los dinosaurios

Después de la extinción del Pérmico-Triásico, un grupo de reptiles pequeños evolucionó para convertirse en los animales más grandes que han pisado nunca la Tierra: los dinosaurios. Tenían una cadera especial que les colocaba las patas debajo del cuerpo, en lugar de extenderlas hacia los lados. Eso les permitía caminar y correr erguidos, lo que les facilitaba la búsqueda de alimentos y la huida de los depredadores.

PTEROSAURIOS

Este grupo extinguido de reptiles fueron los primeros vertebrados que llegaron a volar, incluso antes que las aves o los murciélagos.

PSEUDOSUQUIOS

Estos arcosaurios incluyen a los etosaurios, los fitosaurios y los poposáuridos. Guardan un gran parentesco con los cocodrilos modernos.

ARCOSAURIOS

El nombre «arcosaurio» significa «lagarto dominante». Los arcosaurios son un grupo variado de reptiles que incluye a los antepasados de las aves y los cocodrilos. Las aves y los cocodrilos son los únicos arcosaurios vivos que quedan en la Tierra.

Ericiolacerta

Los orígenes de los mamíferos
Muchos de los rasgos de los mamíferos actuales se encontraban originalmente en los terápsidos, como las cuatro extremidades situadas debajo del cuerpo.

Siriusgnathus

Elephantosaurus

El período triásico fue una época de recuperación y de grandes cambios.

Peltobatrachus

Eryops

Gerrothorax

Morganucodon

Una pequeña bestia
El *Morganucodon* medía solo 10 centímetros y parecía un ratón o una musaraña.

VERDADEROS MAMÍFEROS

Los mamíferos pequeños, peludos y no más grandes que un ratón evolucionaron hace 201 millones de años a partir de los terápsidos. Los mamíferos son los únicos terápsidos que todavía viven en la Tierra.

Megalancosaurus

Vida en los árboles
Los *Drepanosaurus* tenían una cola que podía enrollarse en las ramas, algunos tenían unos dedos en los pies similares a pulgares para poder agarrarse.

Drepanosaurus

TERÁPSIDOS

Los mamíferos evolucionaron a partir de este extraño grupo hace 201 millones de años. El hecho de ser pequeños y nocturnos y de poder controlar su temperatura corporal les ayudó a sobrevivir.

TEMNOSPÓNDILOS

Este grupo de grandes anfibios estaba emparentado con las ranas y las salamandras modernas. Fueron algunos de los primeros vertebrados que se adaptaron a la vida en tierra firme hace 330 millones de años.

DREPANOSÁURIDOS

Estos reptiles prehistóricos no eran camaleones, ¡pero lo parecían! Se adaptaban de forma similar para vivir en los árboles y se alimentaban de insectos y otros animales pequeños.

EL PRIMER GIGANTE DE LA TIERRA

El *Cymbospondylus* era un reptil llamado ictiosaurio que vivió hace 244 millones de años. Fue la criatura más grande de su tierra, alcanzó el tamaño descomunal de un cachalote: 17 metros de longitud.

Océanos del Triásico

Después de la extinción del Pérmico-Triásico que hizo desaparecer a varios grupos de animales, una amplia variedad de reptiles proliferó en los océanos del Triásico. Estos animales desarrollaron una serie de rasgos como pies palmípedos y una cola en forma de remo para convertirse en grandes cazadores y dominar las aguas.

Alimentos aptos para un gigante
El *Cymbospondylus* alcanzó su enorme tamaño comiendo amonites, peces, calamares y quizás también otros reptiles marinos más pequeños.

Nothosaurus

Estos reptiles marinos medían 4 metros de longitud. Con sus pies palmípedos y su cuerpo largo y esbelto, estos cazadores de peces del Triásico seguramente llevaron un estilo de vida similar al de las focas y los leones marinos.

Nothosaurus

Atopodentatus

Atopodentatus

Estos animales fueron algunos de los primeros herbívoros marinos, que, con sus dientes afilados como agujas en forma de cremallera, se alimentaban de las algas del lecho marino arenoso. El primer fósil de *Atopodentatus* se descubrió en China en 2014.

Los ictiosaurios tenían una **cola potente** que les servía para nadar.

Durante el período triásico, la mayoría de la superficie terrestre de la Tierra formaba una inmensa masa continental rodeada por el océano.

En el menú
Los blandos belemnites, similares a un calamar, eran una importante fuente de alimento para muchos animales marinos.

Belemnites

Valle de la Luna

San Juan, en Argentina, cuenta con uno de los mejores yacimientos fosilíferos del Triásico inferior del mundo: el Valle de la Luna, bautizado así por su aspecto lunar. Los fósiles de dinosaurio más antiguos se han descubierto en la formación Ischigualasto, que tiene 227 millones de años de antigüedad.

Los primeros dinosaurios
En este valle vivieron algunos de los primeros dinosaurios que existieron.

UN PAISAJE DEL PASADO

Este terreno cálido y seco fue hace mucho tiempo una frondosa llanura inundable. La lluvia generosa se traducía en ríos caudalosos y una vegetación abundante. Los *Herrerasaurus*, los *Eoraptor*, los *Pisanosaurus*, los etosaurios, los dicinodontes, los anfibios, los rincosaurios y los cinodontos reinaban estas tierras.

Un yacimiento fosilífero extraordinario

Con el paso del tiempo el valle quedó cubierto de ceniza procedente de las erupciones volcánicas, gracias a la cual se preservaron una enorme variedad de seres vivos fosilizados, entre los que destacan troncos de árbol de *Protojuniperoxylon ischigualastianus*, de 40 metros, reptiles como los rincosaurios y dinosaurios como el *Eoraptor*.

Rincosaurio

Herbívoros
Los rincosaurios eran unos reptiles herbívoros que medían 1-2 metros de longitud y que poseían un pico resistente, grandes placas dentales y unas garras descomunales para excavar.

FORMACIONES EÓLICAS

Con el paso del tiempo, el viento ha esculpido el paisaje de arenisca y lutita del Parque Provincial Ischigualasto, generando formaciones rocosas impresionantes. Así han quedado al descubierto las capas de roca que crearon los ríos durante el período triásico.

Roca estratificada
Los paleontólogos buscan los fósiles preservados en las capas de roca llamadas «estratos».

En **1958** se descubrieron por primera vez **huesos de *Herrerasaurus*.**

El descubrimiento del *Herrerasaurus*

Es uno de los primeros dinosaurios conocidos a partir de un registro fósil. Durante años, la comunidad científica no sabía si se trataba de un dinosaurio porque solo se habían encontrado algunos fósiles. Con el descubrimiento de un cráneo y un esqueleto casi completo en el Parque Provincial Ischigualasto, en 1988, el *Herrerasaurus* se clasificó oficialmente como un dinosaurio saurisquio.

Herrerasaurus

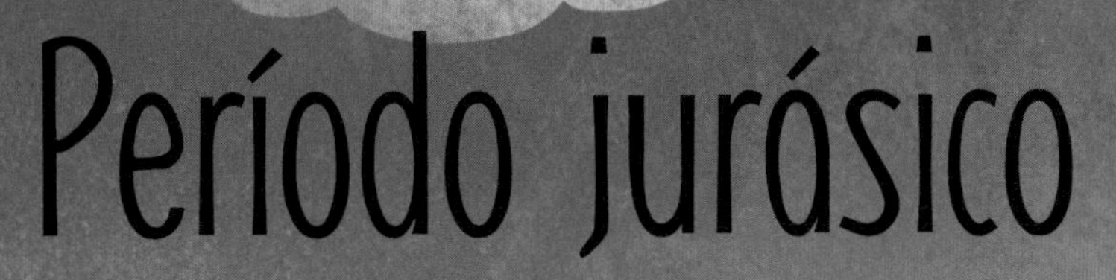

Período jurásico

Durante el período jurásico, Pangea se dividió lentamente en dos continentes independientes llamados Laurasia y Gondwana. La actividad volcánica hizo que el clima se volviera más cálido y tropical en todo el mundo. Los dinosaurios evolucionaron y se diversificaron en una variedad de formas y tamaños.

Armadura
Los tireóforos, como el *Gargoyleosarurus*, contaban con unas gruesas placas de hueso incrustadas en la piel.

Gargoyleosaurus

La evolución de las defensas

A medida que los dinosaurios carnívoros fueron creciendo, algunos dinosaurios herbívoros desarrollaron defensas para protegerse. Los dinosaurios con armadura tenían más probabilidades de sobrevivir a los ataques y de legar a sus crías esos rasgos de éxito. Con el tiempo, sus púas y su armadura se volvieron más grandes y fuertes.

Púas defensivas
Utilizaban las púas gruesas y afiladas de la cola como armas contra los *Allosaurus* y los *Ceratosaurus*.

Stegosaurus

Gigantes jurásicos

Los dinosaurios con el cuello largo, llamados saurópodos, fueron los animales terrestres más grandes del planeta. Crecieron hasta alcanzar tamaños enormes que les permitían llegar mucho más arriba en las copas de los árboles que todos los demás herbívoros. Su tamaño ahuyentaba a los depredadores.

Cuello largo
El *Brachiosaurus* se adaptó a alimentarse de las hojas que había en lo más alto de las copas de los árboles.

Apatosaurus

Brachiosaurus

Una zarigüeya voladora primitiva
Este mamífero prehistórico tenía una piel fina entre las extremidades que le permitía planear.

Volaticotherium

Mamífero primitivo
El diminuto *Volaticotherium*, que podía planear, era un mamífero de 220 millones de años procedente de China. Es uno de los primeros mamíferos conocidos y uno de nuestros parientes más antiguos.

Diversificación de los mamíferos

En el período jurásico, los mamíferos empezaron a diversificarse (a ser más variados) a partir de sus familiares del Triásico. Los *Castorocauda*, unos mamíferos parecidos a los castores, y los multituberculados, unos mamíferos parecidos a los roedores, proliferaron durante esta época.

Una minibestia
El diminuto *Hadrocodium* era del tamaño de un sujetapapeles.

Megazostrodon

Un mamífero del tamaño de un ratón
El *Megazostrodon*, que medía 10 centímetros de longitud, tenía el pelo y los dientes como los de un roedor.

Hadrocodium

Yi qi

¿Es un dragón, un murciélago o un pájaro? ¡No es nada de eso! El *Yi qi*, que significa «ala extraña», forma parte de un grupo de dinosaurios llamados escansoriopterígidos. Aunque los brazos largos, los dedos extendidos y los pies en forma de percha ya se habían descubierto en otros dinosaurios, los escansoriopterígidos fueron los primeros con alas hechas a partir de una capa de piel llamada «membrana».

Dientes
El *Yi qi* poseía unos dientes pequeños únicamente en la parte delantera del hocico.

Solo se ha encontrado **un único ejemplar fosilizado** de *Yi qi*.

Un dinosaurio inusual

Los escansoriopterígidos fueron un grupo de dinosaurios poco frecuentes que se adaptaron a vivir en los árboles. Aunque tenían alas, solo podían planear. Son los dinosaurios no voladores más pequeños que se conocen: el *Yi qi* tiene el tamaño de una paloma.

Dedos en las alas
El *Yi qi* tenía tres dedos que le permitían trepar y agarrar a la presa.
Alas
Las alas estaban hechas de una fina membrana de piel, como las de un murciélago.
Soporte del ala
Esta extensión ósea extralarga es una adaptación que sujeta la membrana del ala.
Plumas
La mayor parte del cuerpo del *Yi qi* está cubierto por una capa gruesa de plumas. Es posible que tuviera plumas largas en la cola para ayudarle a mantener el equilibrio mientras planeaba.
Pies con garras
Las garras curvadas le permitían agarrarse a las ramas y atrapar a las presas.

LA EVOLUCIÓN DEL VUELO

El vuelo ha ido evolucionando en los distintos grupos de vertebrados: aves, murciélagos, pterosaurios y escansoriopterígidos. Cada uno de estos grupos desarrolló alas a partir de los huesos de la mano y los brazos. A continuación, se resaltan los mismos huesos de cada ala.

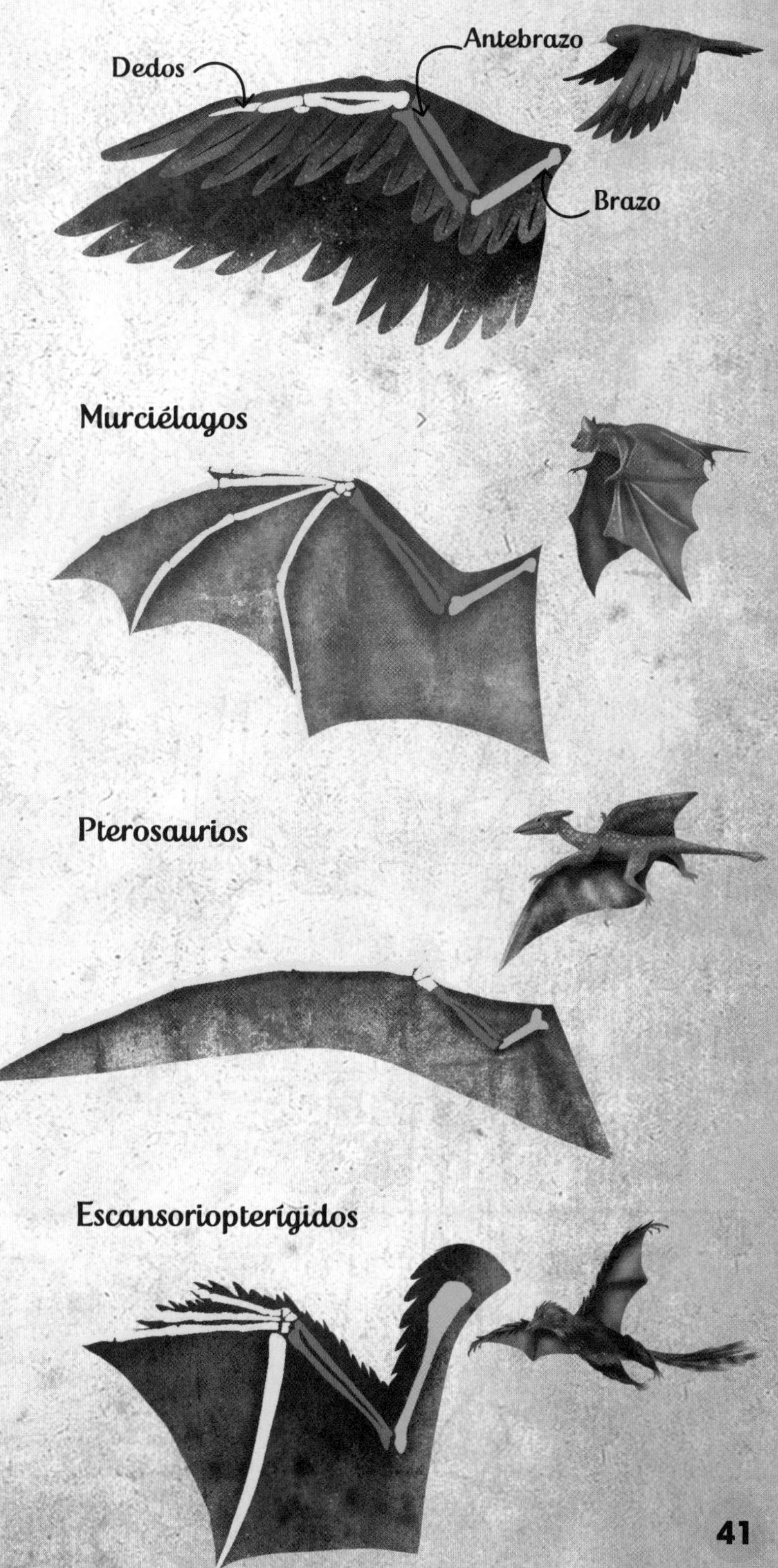

Océanos jurásicos

Hace 200 millones de años, a medida que Pangea se dividía en continentes más pequeños, nuevos océanos inundaron los espacios que se formaban entre ellos, como el mar de Sundance y el mar de Tetis. Los mares cálidos y poco profundos rebosaban de vida: desde arrecifes de coral hasta enormes reptiles marinos.

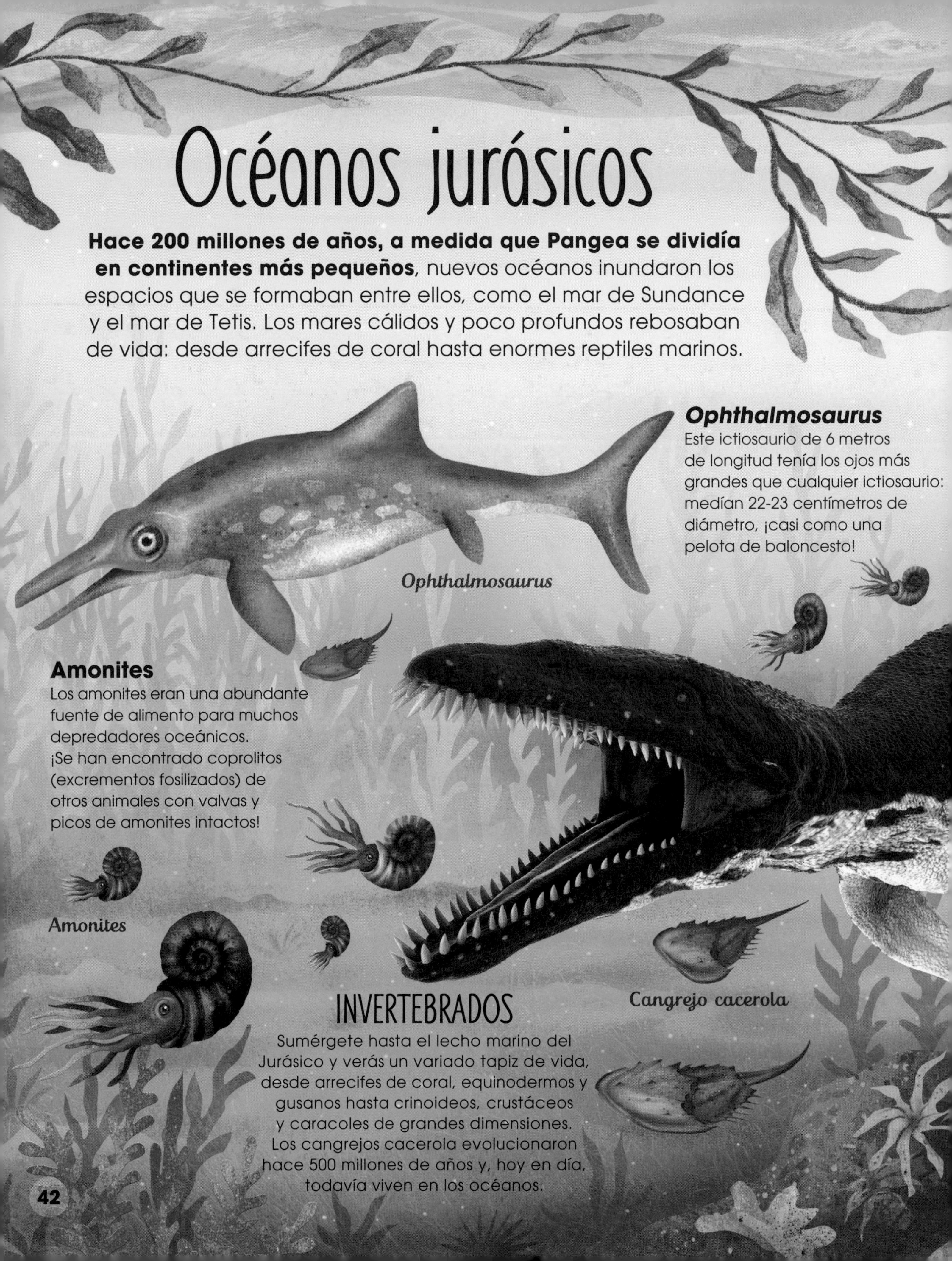

Ophthalmosaurus

Este ictiosaurio de 6 metros de longitud tenía los ojos más grandes que cualquier ictiosaurio: medían 22-23 centímetros de diámetro, ¡casi como una pelota de baloncesto!

Ophthalmosaurus

Amonites

Los amonites eran una abundante fuente de alimento para muchos depredadores oceánicos. ¡Se han encontrado coprolitos (excrementos fosilizados) de otros animales con valvas y picos de amonites intactos!

Amonites

Cangrejo cacerola

INVERTEBRADOS

Sumérgete hasta el lecho marino del Jurásico y verás un variado tapiz de vida, desde arrecifes de coral, equinodermos y gusanos hasta crinoideos, crustáceos y caracoles de grandes dimensiones. Los cangrejos cacerola evolucionaron hace 500 millones de años y, hoy en día, todavía viven en los océanos.

Leedsichthys

Este pez de 20 metros de longitud engullía plancton (plantas y animales diminutos) mientras nadaba con la boca abierta y a la vez absorbía el alimento y filtraba el agua.

Belemnites

Estos animales parecidos a los calamares atrapaban las presas con unos anzuelos que tenían en los tentáculos. Para huir de los depredadores, lanzaban tinta negra y salían disparados.

Liopleurodon

El Liopleurodon, de 6,6 metros de longitud, es un pliosaurio, un plesiosaurio con el cuello corto y la mandíbula grande. Cazaba otros animales marinos de grandes dimensiones, como los ictiosaurios.

El espécimen de Berlí
Este fósil de *Archaeopte*
se descubrió entre 1874
1876 en Alemania.

Plumas fosilizadas
Si lo observas de cerca, ¿puedes distinguir las plumas de las alas? Las plumas se han descompuesto con el paso del tiempo, pero dejaron unas marcas increíbles en su lugar.

La evolución de las aves

Las aves forman parte de nuestra vida, pero ¿te has parado a pensar de dónde vienen? Cuando la comunidad científica descubrió el dinosaurio *Archaeopteryx*, se dio cuenta de que las aves estaban emparentadas con los dinosaurios: los antepasados de las aves sobrevivieron a la extinción que destruyó todos los demás dinosaurios.

Una pluma fosilizada
Esta pluma de
hace 150 millones
de años procedente
de un *Archaeopteryx*
fue la primera prueba de
una pluma fosilizada. Durante
más de 150 años desconcertó a
los científicos porque no sabían
a qué animal pertenecía

¿Dinosaurio o ave?

El *Archaeopteryx* tenía una cola larga y huesuda, tres dedos en cada pata, dientes como un dinosaurio y plumas y huesos huecos como un ave. Esta mezcla de rasgos convirtió el *Archaeopteryx* en un fósil de transición entre un ave y un dinosaurio.

Unos rasgos útiles
Las plumas le permitían volar, mantenerse caliente y atraer a una pareja.

Archaeopteryx

DINOSAURIOS EMPLUMADOS

Desde el descubrimiento del *Archaeopteryx*, se han hallado numerosos dinosaurios terópodos emplumados, muchos de ellos en China.

Velociraptor

Sinosauropteryx

Descubrir el color de los fósiles

Los científicos utilizan microscopios de gran potencia para examinar las plumas fosilizadas en búsqueda de unas estructuras llamadas «melanosomas». Estas estructuras minúsculas contienen el pigmento responsable del color de la piel, el pelo y las plumas, entre otros.

Herramientas paleontológicas
Los microscopios ayudan a los científicos a descubrir los colores que contienen los fósiles.

Dinosaurios entre nosotros

Las aves, o dinosaurios aviarios, sobrevivieron a la extinción masiva, de modo que en la actualidad ¡existen más de 10 000 especies de dinosaurios entre nosotros por todo el mundo!

Avestruz

La Costa Jurásica

Con los imponentes acantilados de lutita gris repletos de tesoros del período jurásico, la zona que rodea Lyme Regis, en Dorset, el Reino Unido, es uno de los yacimientos fosilíferos más famosos del mundo. Estos acantilados, que se conocen como la Costa Jurásica, albergan millones de fósiles de amonites, ictiosaurios y plesiosaurios que caen sobre las playas de abajo.

Acantilados del Jurásico
Estos acantilados de lutita y caliza están llenos de criaturas marinas del Jurásico de hace 200 millones de años.

Una famosa descubridora de fósiles

Mary Anning se crio en Lyme Regis en el siglo XIX. Para colaborar en la economía familiar, recogía fósiles y los vendía a los turistas. En 1811, con tan solo 12 años, Mary descubrió el primer esqueleto de ictiosaurio cerca de su casa. En aquella época, las mujeres no podían ser miembros de la Sociedad Geológica, de modo que tuvo que leer todos los artículos científicos que pudo para instruirse de forma autodidacta.

Pterosaurios

Con 29 años, Mary descubrió el *Dimorphodon*, el primer hallazgo de pterosaurio en Inglaterra. Este espécimen puede verse en el Museo de Historia Natural de Londres, en el Reino Unido.

Dimorphodon macronyx

Ictiosaurios

Con 12 años, Mary descubrió el primer esqueleto de ictiosaurio, en cuya caja torácica ¡todavía se conservan las espinas y las escamas de su última comida!

Ichthyosaurus anningae

Pez fosilizado
Mary halló este fósil tan bien conservado alrededor de 1828.

Dapedium politum

LOS DESCUBRIMIENTOS DE MARY

Mary hizo más descubrimientos en su juventud que la mayoría de los paleontólogos de hoy en día. Sus hallazgos demostraron que la Tierra era mucho más antigua de lo que se pensaba y que hubo una época con reptiles antes de que existieran los mamíferos.

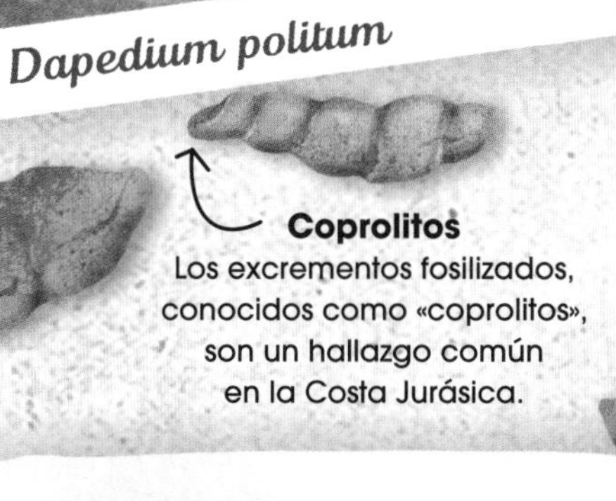

Coprolitos
Los excrementos fosilizados, conocidos como «coprolitos», son un hallazgo común en la Costa Jurásica.

Amonites
Los amonites, que antaño se denominaban «piedras de serpiente», están emparentados con los calamares.

Plesiosaurios

Mary descubrió el primer esqueleto de plesiosaurio del mundo. El *Rhomaleosaurus* era un pliosaurio, un tipo de plesiosaurio. Poseía un cuello largo y una boca repleta de dientes afilados, y fue uno de los principales depredadores de los mares del Jurásico.

Rhomaleosaurus cramptoni

Belemnites
Estos fósiles de molusco se conocían como «dedos del diablo».

Nyassasaurus

LOS PRIMEROS DINOSAURIOS

Los primeros dinosaurios, que aparecieron en el Triásico inferior hace 245 millones de años, eran pequeños y bípedos (de dos patas). Con el paso de millones de años, evolucionaron y se extendieron en distintos grupos, o familias.

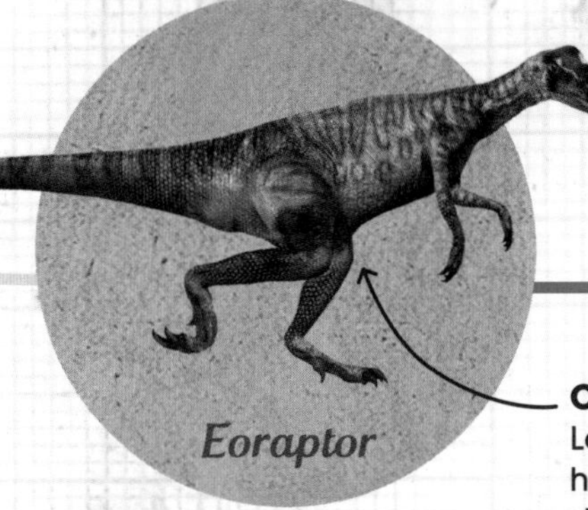

Eoraptor

Caderas de lagarto
Las caderas apuntaban hacia abajo y hacia delante.

SAURISQUIOS

(dinosaurios «con caderas de lagarto»)

Los saurisquios eran dinosaurios que guardaban un mayor parentesco con las aves que con los *Triceratops*. Muchos de ellos tenían unos huesos de la cadera similares a los de los lagartos.

Hypsilophodon

Caderas de ave
Las caderas apuntaban hacia abajo y hacia atrás.

ORNITISQUIOS

(dinosaurios «con caderas de ave»)

A pesar de tener unas caderas similares a las de las aves, los ornitisquios eran dinosaurios que tenían un mayor parentesco con los Triceratops que con las aves.

Tireóforos

Clasificación de los dinosaurios

Clasificar consiste en organizar u ordenar las cosas en grupos en función de sus semejanzas o diferencias. Clasificar así todos los dinosaurios nos permite obtener más información acerca de sus orígenes y su evolución, así como comprender mejor qué dinosaurios están relacionados entre sí.

Sauropodomorfos
(«pies de lagarto»)

Los sauropodomorfos eran dinosaurios herbívoros (comían plantas) y cuadrúpedos (de cuatro patas) con la cabeza pequeña, el cuello largo y los dientes en forma de hoja.

Terópodos
(«pies de bestia»)

Estos dinosaurios carnívoros (es decir, que comían carne) y bípedos tenían los huesos huecos y los brazos pequeños. Todas las aves modernas son terópodos.

Paquicefalosaurios
(«lagartos de cabeza gruesa»)

Los paquicefalosaurios eran dinosaurios herbívoros y bípedos famosos por su grueso cráneo rodeado de nódulos y púas.

Marginocéfalos

Estegosaurios
(«lagartos cubiertos»)

Los estegosaurios eran dinosaurios herbívoros y cuadrúpedos. Estaban cubiertos por placas óseas y púas para defenderse de los depredadores.

Ceratopsios
(«rostros con cuernos»)

Los ceratopsios eran dinosaurios herbívoros con pico que en el Jurásico superior eran bípedos. Sin embargo, con el paso de millones de años, se convirtieron en cuadrúpedos.

Anquilosaurios
(«lagartos rígidos»)

Estos dinosaurios herbívoros y cuadrúpedos tenían una cola larga y claviforme y una armadura gruesa para defenderse de los depredadores.

Ornitópodos
(«pies de ave»)

Los ornitópodos eran dinosaurios herbívoros y bípedos con el pico y los dientes adaptados para comer plantas.

¡El **cráneo** del Parasaurolophus podía crecer hasta **1,6 metros de longitud**
Cola larga
Una cola larga le ayudaba a mantener el equilibrio mientras permanecía de pie sobre sus patas traseras.
Pinochas

¿Qué comía?

¡Plantas, por favor! Hojas, ramas pequeñas y pinochas se encontraban en el menú de estos grandes herbívoros, que poseían unos dientes aplanados en la boca conocidos como «batería dental» y que les servían para masticar las plantas más duras.

Parasaurolophus

Los dinosaurios con pico de pato, conocidos como «hadrosáuridos», son herbívoros de grandes dimensiones que vivieron durante el Cretácico superior. El hadrosáurido *Parasaurolophus* era especialmente conocido por su cresta inusual. Se han encontrado fósiles por toda América del Norte, desde Nuevo México, pasando por Estados Unidos, hasta Alberta, en Canadá.

¿Para qué servía la cresta?

El *Parasaurolophus* poseía un cráneo único muy interesante con una cresta grande que era una cámara hueca que utilizaba para emitir sonidos, pero todavía no estamos seguros de por qué los emitía. Los modelos informáticos indican que los sonidos cambiaban con la edad. Los adultos emitían un sonido grave y fuerte similar al de una tuba, mientras que las crías emitían chillidos y gorjeos más agudos.

Fósil de cráneo de *Parasaurolophus*

Creciendo con la edad
Las crestas de las crías empezaban siendo muy pequeñas y crecían a medida que envejecían.

Un pico sin dientes
El pico fuerte y afilado estaba hecho de queratina, el mismo material que el pico de las aves y el caparazón de las tortugas.

Una cresta hacia atrás
Los conductos huecos que salían de cada orificio nasal hacia el cráneo le ayudaban a emitir sonidos, posiblemente para comunicarse con los demás.

Helechos

Los hadrosáuridos se llaman «dinosaurios con pico de pato» porque su pico se parecía al de un pato.

La paleobiología de los dinosaurios

Los fósiles no son solo rocas, sino ¡ventanas increíbles a la historia de la vida de un animal! Si examinamos la estructura interior del hueso fósil, los tejidos blandos y los coprolitos (eso es, excrementos fosilizados), podremos descubrir y comprender todo tipo de información sobre los animales extinguidos.

Tejido blando
En 2005, la doctora Mary Schweitzer, paleontóloga, fue la primera investigadora que encontró tejidos blandos reales en el interior del hueso del muslo de un *T. rex*, apodado «*B-rex*».

Coprolito de dinosaurio herbívoro

Excrementos fósiles

¿Qué podemos aprender de los excrementos fósiles? Si observamos los coprolitos, obtendremos información acerca de la dieta de un animal, del mismo modo que con los animales actuales. Por ejemplo, la doctora Karen Chin, paleontóloga y experta en coprolitos, y sus compañeros descubrieron que algunos dinosaurios herbívoros (posiblemente los dinosaurios con pico de pato) comían madera en descomposición y crustáceos.

DESARROLLO DE UN DINOSAURIO

¿Cómo se desarrollan los dinosaurios? Al estudiar los fósiles de dinosaurios de distintas edades, podemos observar cómo crecieron y cambiaron a lo largo de su vida. Se le llama «ontogenia». Por ejemplo, sabemos cómo se desarrolló el *Triceratops* porque disponemos de muchos de sus fósiles en los museos.

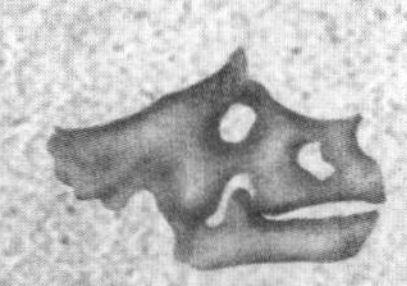

Bebé
De bebé, los cuernos del *Triceratops* son cortos, puntiagudos y rectos.

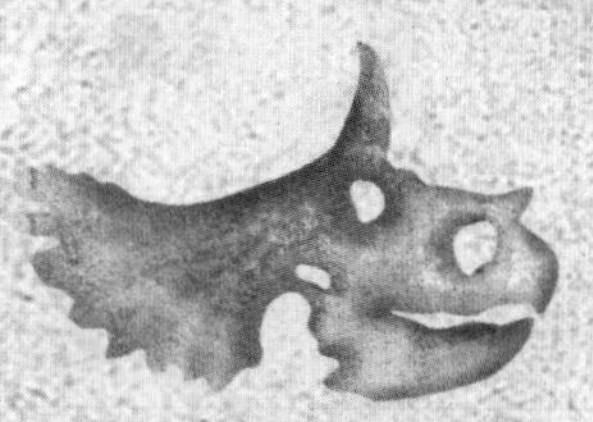

Joven
A medida que el *Triceratops* va creciendo, también le crecen los cuernos, los cuales empiezan a curvarse hacia arriba.

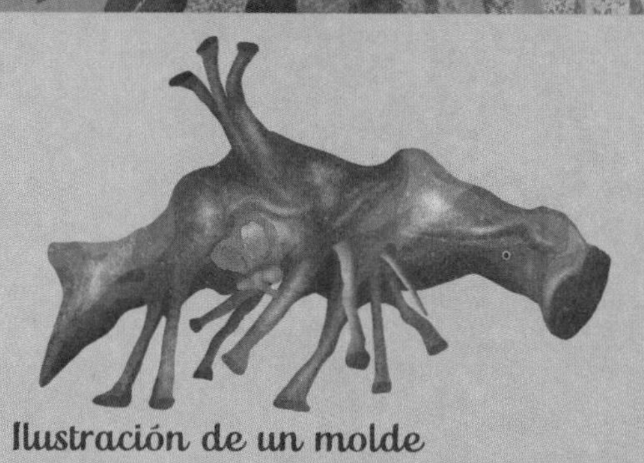

Ilustración de un molde endocerebral de *T. rex*

Cerebros

¿Qué aspecto tienen los cerebros de dinosaurio?
Lamentablemente, los cerebros blandos y mullidos no se preservan como fósiles. En cambio, sí que podemos estudiar los moldes internos, es decir, los moldes de los espacios que solían albergar las partes blandas del cuerpo. Pueden estar formados por sedimentos que han rellenado el espacio de forma natural, a través de moldes de plástico o creados por ordenador.

Cerebro

Hueso del muslo

¿Dinosaurio macho o hembra?

Las aves y los dinosaurios hembra ponen huevos hechos de un mineral llamado «carbonato de calcio». Deben ingerir más calcio mientras ponen los huevos para no tener que usar los minerales de sus propios huesos. Este calcio adicional se almacena en un tejido especial de los huesos del muslo llamado «tejido medular». Sabemos que cuando un fósil contiene este tejido es una hembra. El *B-rex*, el primer *T. rex* que se halló con este tejido, se descubrió en el año 2000.

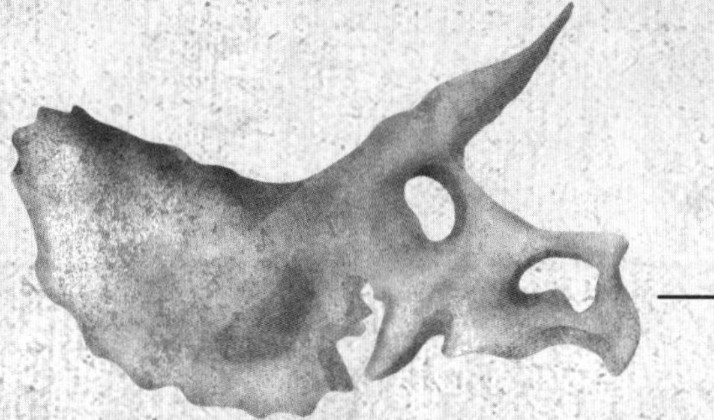

Subadulto
A medida que el *Triceratops* se acerca al tamaño de un adulto, los cuernos se le vuelven más rectos.

Adulto
Cuando es completamente adulto, los cuernos se le han curvado hacia delante y ha desarrollado unos orificios en la cresta.

Formación Hell Creek

Esta formación geológica es uno de los ecosistemas mejor preservados del Cretácico superior del mundo. Esta zona, que se extiende por los estados del norte de los Estados Unidos, como Montana, está repleta de fósiles de dinosaurio como el *Tyrannosaurus rex* y el *Edmontosaurus*.

LA VIDA EN CREEK

Un mar cálido que atravesaba América del Norte convirtió esta zona en un lugar caluroso y pantanoso. Los dinosaurios, los pterosaurios, los cocodrilos y las tortugas eran animales habituales.

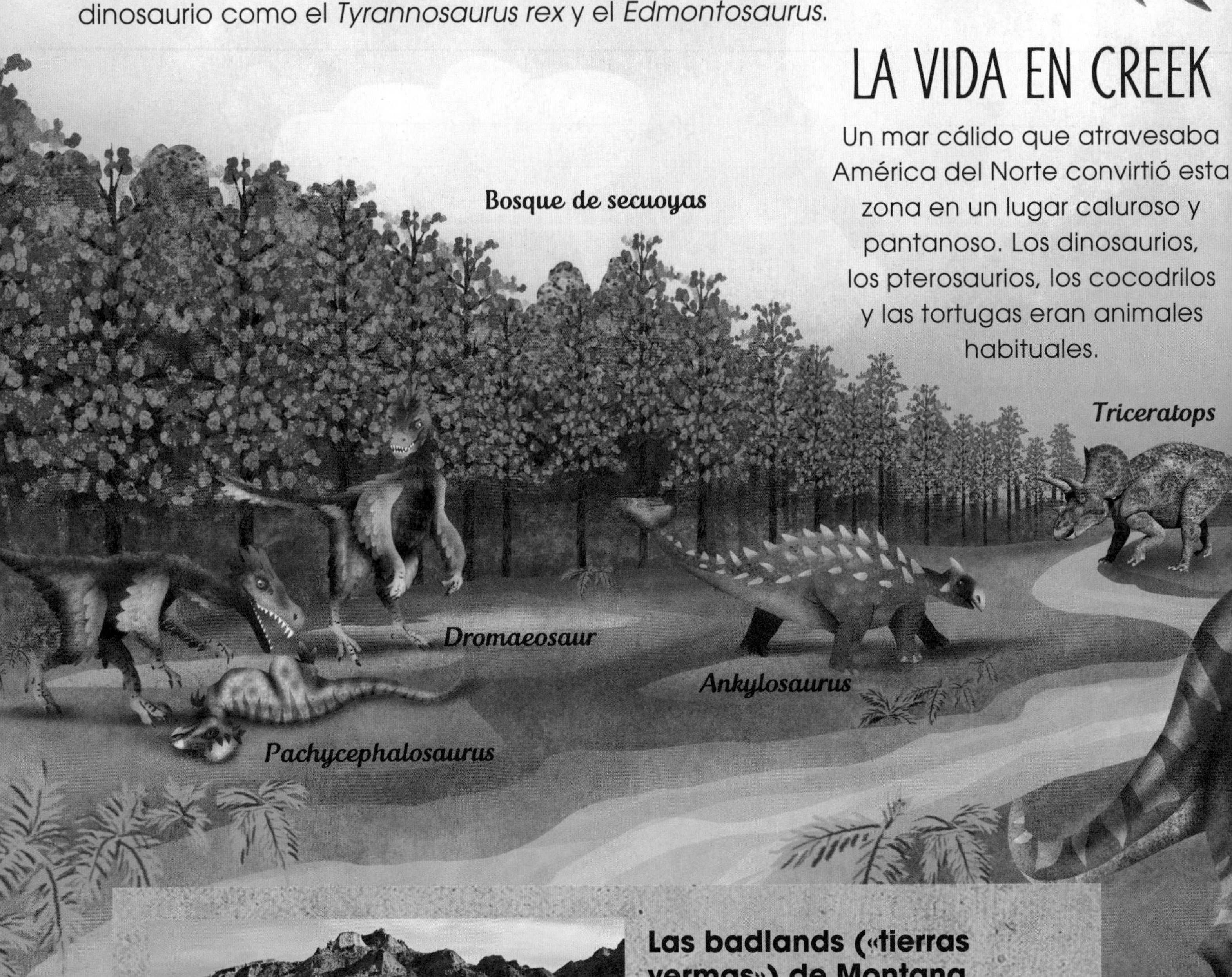

Las badlands («tierras yermas») de Montana

Montana, en Estados Unidos, es uno de los mejores lugares para encontrar fósiles de la formación Hell Creek. Estudiar las capas de pizarra, lutita y arenisca que forman el paisaje, así como los fósiles que albergan nos puede ayudar a obtener más información acerca de este ecosistema de hace 66-68 millones de años.

Purgatorius
Álamo de Virginia
Edmontosaurus
Tyrannosaurus rex
Ginkgo
Tulípero

Océanos del Cretácico

Con peces gigantes, plesiosaurios y mosasaurios, los océanos rebosaban de vida durante el período cretácico. Estaban repletos de reptiles marinos gigantes, peces depredadores, tiburones, aves buceadoras y tortugas marinas del tamaño de un coche.

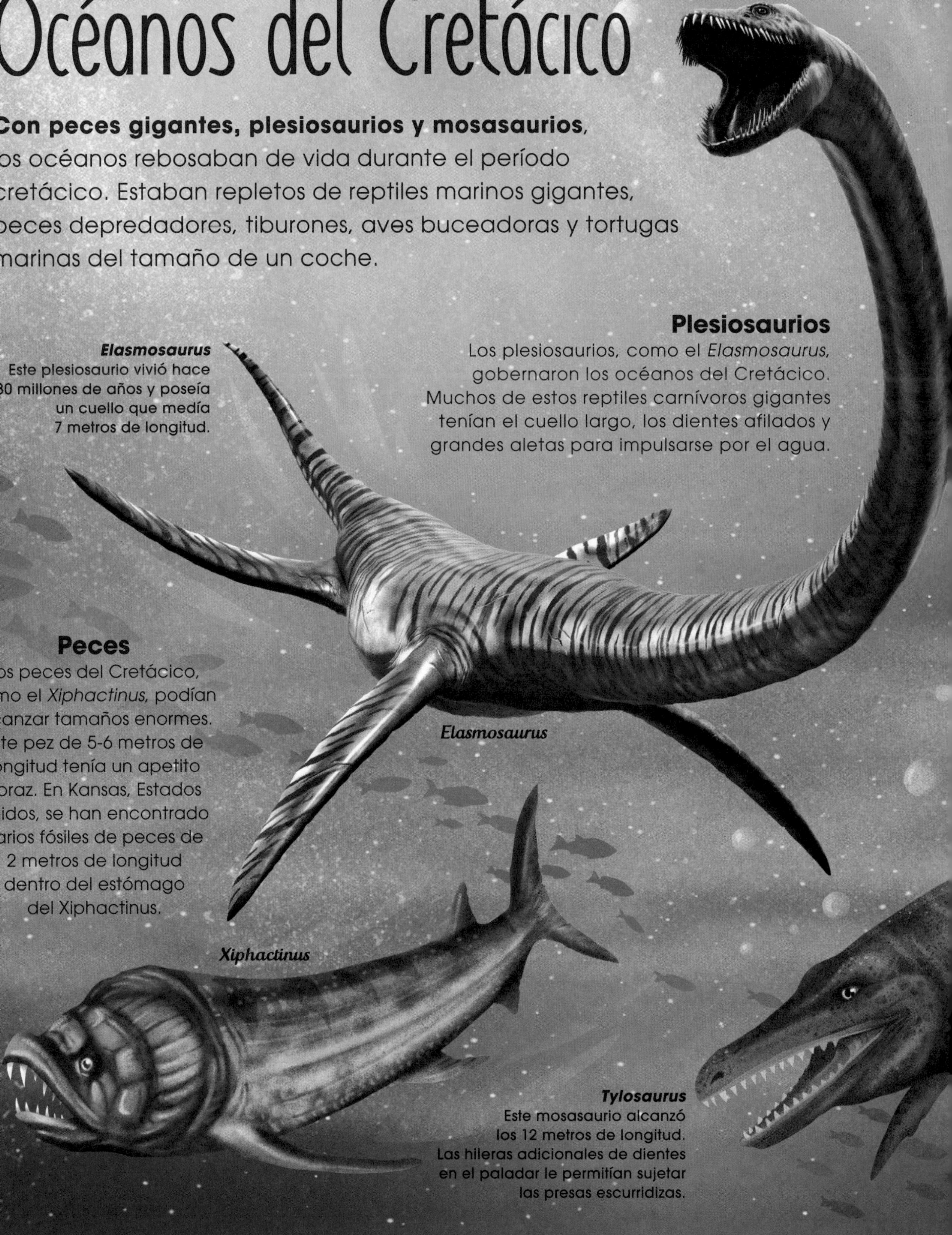

Plesiosaurios

Los plesiosaurios, como el *Elasmosaurus*, gobernaron los océanos del Cretácico. Muchos de estos reptiles carnívoros gigantes tenían el cuello largo, los dientes afilados y grandes aletas para impulsarse por el agua.

Elasmosaurus
Este plesiosaurio vivió hace 80 millones de años y poseía un cuello que medía 7 metros de longitud.

Elasmosaurus

Peces

Los peces del Cretácico, como el *Xiphactinus*, podían alcanzar tamaños enormes. Este pez de 5-6 metros de longitud tenía un apetito voraz. En Kansas, Estados Unidos, se han encontrado varios fósiles de peces de 2 metros de longitud dentro del estómago del Xiphactinus.

Xiphactinus

Tylosaurus
Este mosasaurio alcanzó los 12 metros de longitud. Las hileras adicionales de dientes en el paladar le permitían sujetar las presas escurridizas.

Aves buceadoras

El *Hesperornis* era un ave, pero no volaba. Para obtener la cena, se zambullía en el agua y atrapaba los peces con sus dientes muy afilados.

MAR DEL CRETÁCICO

Durante este período, el continente de América del Norte quedó dividido en dos por un mar llamado el Mar Interior Occidental. Este mar era cálido y poco profundo, lo que hacía que el clima fuera tropical y húmedo.

Tiburones

Los tiburones son animales antiguos que existen desde hace 440 millones de años. El *Cretoxyrhina* era un tiburón tan grande como el tiburón blanco. Comía todo lo que encontraba: mosasaurios, pterosaurios, dinosaurios e, incluso, aves buceadoras.

Tortugas gigantes

Las tortugas marinas evolucionaron por primera vez durante el período jurásico, hace 150 millones de años. El *Archelon*, la tortuga marina más grande, podía alcanzar los 4,6 metros de longitud y pesar hasta 4 toneladas.

Mosasaurios

Estos reptiles marinos gigantes, que a menudo se confunden con los dinosaurios, tienen un gran parentesco con las serpientes. La mayoría tenían los dientes afilados para atrapar las presas, mientras que otros poseían dientes redondos y planos para aplastar las valvas.

Cuando se murieron los dinosaurios

Hace 66 millones de años, se extinguieron los animales terrestres más grandes que jamás hayan existido. Esta enorme extinción masiva aniquiló todos los dinosaurios no aviarios (no voladores), los amonites, los reptiles voladores y los reptiles marinos, entre otros. Se conoce como la «extinción del Cretácico-Paleógeno» o «extinción K-Pg».

Ankylosaurus

Triceratops

Extinción del *T. rex*
El *Tyrannosaurus* rex fue uno de los últimos dinosaurios no aviarios de la Tierra.

Tyrannosaurus rex

El 75 % de la vida desapareció en esta extinción.

¿Qué provocó la extinción?

Un cráter en la península de Yucatán, México, es la prueba de que un asteroide enorme impactó contra la Tierra y aniquiló la mayoría de la vida que había en ella. Los científicos también creen que los volcanes de los traps del Decán, en una zona de la India, llevaban millones de años en erupción. Se cree que sus erupciones tóxicas contribuyeron a un cambio climático en todo el mundo y provocaron la muerte de la vida salvaje durante millones de años.

LOS MAYORES SUPERVIVIENTES

Los tardígrados son los únicos animales que se sabe que sobrevivieron a las cinco extinciones masivas. Estos invertebrados microscópicos pueden resistir a las toxinas, a la radiación y a la deshidratación, e incluso pueden sobrevivir en el espacio exterior.

Carroñeros
Las aves seguramente sobrevivieron debido a su pequeño tamaño, al hecho de que podían volar y a su alimentación: comían semillas, insectos y carroña.

Sobrevivir sin comida
Los crocodilios ralentizaron su metabolismo para poder pasar meses sin comer.

Los supervivientes

Ningún animal terrestre de más de 25 kilos, aproximadamente el peso de un bulldog, evitó la extinción. Solo las criaturas más fuertes y adaptables se salvaron, como los cocodrilos, las ranas y los lagartos. Las aves fueron los únicos dinosaurios que sobrevivieron.

5
1
3

DESPUÉS DE LOS DINOSAURIOS

Después de la extinción del Cretácico-Paleógeno, los mamíferos tuvieron la oportunidad de resplandecer, ya que evolucionaron y se adaptaron para llenar el espacio que habían ocupado los dinosaurios.

Hay mamíferos por todas partes, ¡solo tienes que mirarte al espejo y verás un mamífero que te devuelve la mirada! Los humanos formamos parte del grupo de animales llamados «mamíferos». Desde los animales terrestres más grandes hasta los nadadores oceánicos y todos los que hay entre medio, los mamíferos hemos ido conquistando gradualmente el planeta.

Si quieres descubrir mucho más sobre el grupo de animales al que perteneces, **sigue leyendo.**

4

Parque Nacional Ashfall Fossil Beds en el condado de Antelope, Nebraska, Estados Unidos. Este yacimiento fosilífero es conocido por los centenares de fósiles de rinocerontes que ha preservado la ceniza volcánica después de que se produjera una erupción hace 13-11 millones de años.

La edad de los mamíferos

Después del impacto del asteroide que acabó con los dinosaurios, los animales y las plantas empezaron a recuperarse lentamente dando lugar a una nueva era: la era cenozoica. Los mamíferos que habían vivido durante la era mesozoica no habían superado nunca el tamaño de un mapache. Pero sin dinosaurios alrededor, durante la era cenozoica, los mamíferos pudieron salir de las sombras y desarrollarse en nuevos hábitats.

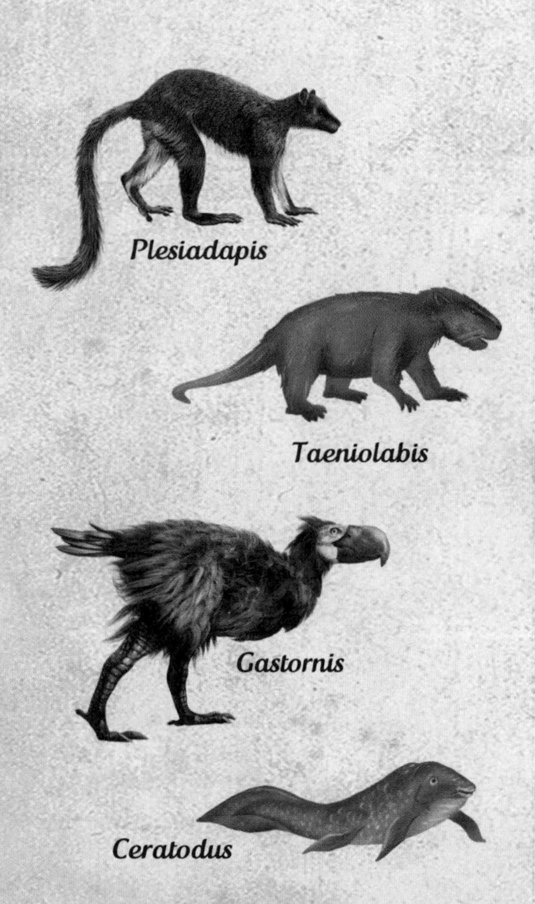

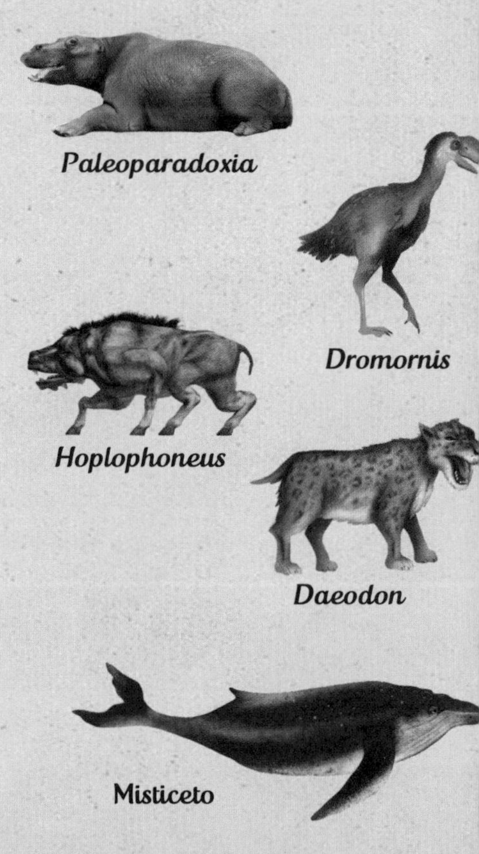

PERÍODO PALEOCENO

(hace 66-56 millones de años)

El clima era cálido y tropical sin capas de hielo en los polos. Sin herbívoros de grandes dimensiones, los bosques crecieron. Los pequeños multituberculados (mamíferos parecidos a roedores), como el *Taeniolabis*, fueron el grupo de mamíferos que más proliferó durante este período. Muchas aves modernas se remontan a esta época.

PERÍODO EOCENO

(hace 56-33 millones de años)

A causa de la erupción de los volcanes, el clima era el más cálido que había existido desde la extinción del Pérmico-Triásico. La temperatura media era de 22-28 °C. Las palmeras crecieron en las regiones polares tropicales. Los antepasados de los animales ungulados, como el Eohippus, un caballo primitivo, eran pequeños. Abundaban las pitones, los cocodrilos y las tortugas.

PERÍODO OLIGOCENO

(hace 33-23 millones de años)

A medida que el clima empezó a enfriarse, se formaron capas de hielo en los polos y descendieron los niveles del mar. El cambio climático provocó el empequeñecimiento de los bosques tropicales, mientras que las praderas se iban ampliando, lo que ofreció espacio para correr a los caballos, los rinocerontes y los camellos primitivos. Los depredadores tuvieron que aprender y adaptarse a nuevas formas de sostenerse.

Los seres humanos evolucionaron en el Pleistoceno. Empezaron como simios y poco a poco desarrollaron la capacidad de mantenerse de pie, fabricar herramientas y utilizar el lenguaje.

PERÍODO HOLOCENO

(desde hace 11 700 años - presente)

El Holoceno, o Antropoceno, es la era en la que nos encontramos en la actualidad. Aunque la mayoría de los animales enormes de la Edad de Hielo han desaparecido, todavía existen animales increíbles cuyos inicios se remontan a la época posterior a la extinción de los dinosaurios. Como seres humanos, podemos usar lo que hemos aprendido sobre todos los períodos que nos han precedido para cuidar del mundo en el futuro.

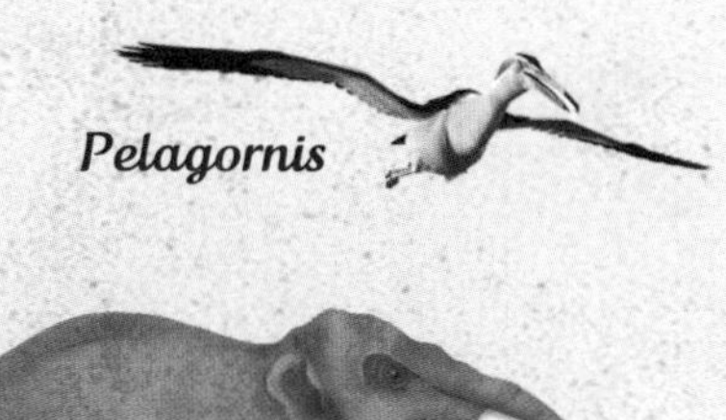

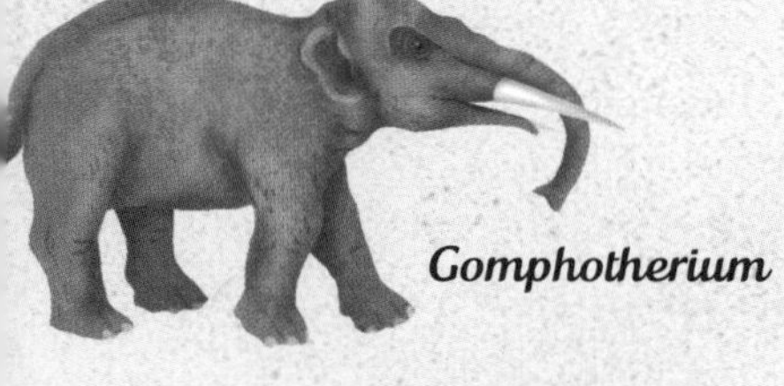

PERÍODO MIOCENO

(hace 23-5 millones de años)

Este período era cálido, pero el clima seguía enfriándose. Las praderas se extendieron y gracias a eso crecieron las grandes manadas de animales pastadores, como los oreodontes, parecidos a los cerdos. También evolucionaron los perros oso que aplastaban huesos, como los *Amphicyon*, y los proboscídeos (parientes de los elefantes), como el *Gomphotherium*.

PERÍODO PLIOCENO

(hace 5-2 millones de años)

El clima del período plioceno era un poco más cálido que nuestro clima actual. América del Sur y América del Norte se conectaron a través de una estrecha franja de tierra llamada «istmo de Panamá». Este nuevo puente terrestre entre los continentes permitió la migración de animales como el perezoso terrestre gigante *Megatherium* y el armadillo *Glyptodon*.

PERÍODO PLEISTOCENO

(hace 2 millones - 11 000 años)

Este período también se conoce como la «Edad de Hielo». Muchas zonas del norte del mundo estaban cubiertas por capas de hielo enormes. Durante el Pleistoceno, en el que hubo varias edades de Hielo, evolucionaron los seres humanos (Homo sapiens) y los grandes mamíferos, como el mamut lanudo y el *Gigantpithecus*, un simio gigante.

Mamut lanudo

Aunque los seres humanos no vivieron en el mismo momento que los dinosaurios, sí que convivieron con los mamuts y los cazaron para sobrevivir. Durante la Edad de Hielo, estas bestias peludas vagaban en manadas por la tundra nevada del norte.

Colmillos dentudos
Las crías de mamut nacían con colmillos que les crecían a lo largo de toda su vida. Aunque parecían cuernos, en realidad eran dos dientes gigantes llamados «incisivos», como tus dientes frontales.

Mamut lanudo

Una trompa sensible
La trompa es la nariz y el labio superior del mamut. La utilizaban para oler, respirar, palpar y agarrar.

ARTE RUPESTRE

Los humanos primitivos dibujaron animales en las rocas o en las paredes de las cuevas. Estos dibujos nos ayudan a entender qué aspecto tenían los animales en aquel momento. Por ejemplo, sabemos que los mamuts lanudos tenían gibas de grasa en la parte superior de la cabeza y en los hombros.

Sobrevivir al frío

Los mamuts lanudos estaban cubiertos por dos capas de pelo grueso de color marrón que les ayudaban a mantenerse calientes en el clima gélido de la Edad de Hielo.

Un abrigo de lana
¡Los paleontólogos han encontrado pelo de mamut todavía congelado en el hielo!

VOLVER DE ENTRE LOS MUERTOS

Al estudiar los mamuts conservados en el hielo, los científicos han podido extraer su ADN: la información genética que los convierte en lo que son. Los científicos utilizan el ADN para comprenderlos y, tal vez, incluso, para salvarlos de la extinción. La pregunta es: ¿los científicos deben recuperarlos o, por el contrario, deben centrarse en proteger a los animales amenazados, como sus primos, los elefantes asiáticos?

¿Por qué se extinguieron?

Los mamuts se extinguieron junto con los demás mamíferos gigantes de la Edad de Hielo al final del período pleistoceno. Todavía intentamos entender las causas, pero el cambio climático y la caza por parte de los seres humanos desempeñaron un papel importante.

Gigantes cenozoicos

Tras la extinción del Cretácico-Paleógeno, muchos animales fueron creciendo de forma gradual y alcanzaron una vez más tamaños colosales. Desde el mayor tiburón que ha habido nunca hasta la enorme ballena que todavía existe en la actualidad, la era cenozoica se ha jactado de tener a algunos de los animales más grandes de todos los tiempos.

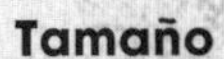

Tamaño
Peso máx.: 730 kilos
Longitud máx.: 13 metros

GRANDES Y EXTRAÑOS

Los dinosaurios no fueron los únicos animales enormes que pisaron la Tierra. De hecho, muchos de los animales de la era cenozoica eran incluso más grandes y raros. Los que aparecen en esta página vivieron en distintas épocas de esta era.

Titanoboa

Es posible que la era cenozoica fuera la edad de los mamíferos, pero este reptil inmenso gobernaba la Tierra. Esta boa constrictora era lo suficientemente grande como para alimentarse de peces gigantes, tortugas e, incluso, cocodrilos enteros. Vivió hace 60-58 millones de años.

Ballena azul

El animal más grande que ha existido sigue vivo hoy en día. Se trata de la ballena azul, un misticeto que se alimenta por filtración. Ingiere grandes cantidades de agua del mar y la filtra en busca de kril (criaturas marinas parecidas a las gambas).

Tamaño
Peso máx.: 100 toneladas
Longitud máx.: 30 metros

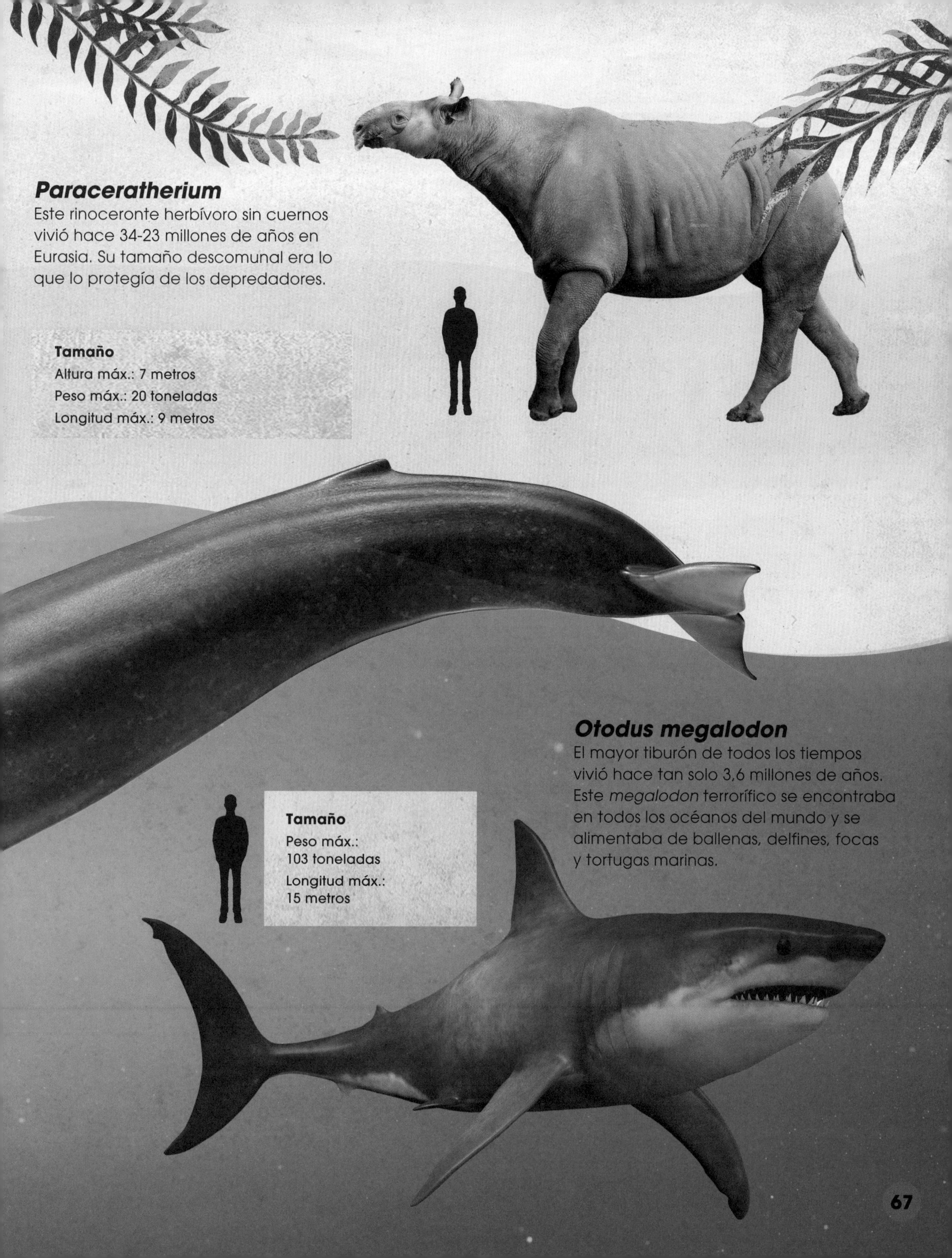

Paraceratherium

Este rinoceronte herbívoro sin cuernos vivió hace 34-23 millones de años en Eurasia. Su tamaño descomunal era lo que lo protegía de los depredadores.

Tamaño
Altura máx.: 7 metros
Peso máx.: 20 toneladas
Longitud máx.: 9 metros

Otodus megalodon

El mayor tiburón de todos los tiempos vivió hace tan solo 3,6 millones de años. Este *megalodon* terrorífico se encontraba en todos los océanos del mundo y se alimentaba de ballenas, delfines, focas y tortugas marinas.

Tamaño
Peso máx.:
103 toneladas
Longitud máx.:
15 metros

LOS MUNDOS PREHISTÓRICOS Y YO

¿Quién puede ser paleontólogo? ¡Tú puedes serlo! Estudiar los fósiles no solo es divertido, sino que es posible hacerlo de varias formas: no existe un único camino para convertirte en paleontólogo.

La paleontología solo existe como ciencia desde hace unos 200 años. Después de leer este libro, sabrás que los organismos han evolucionado en la Tierra durante **3500 millones de años**, de modo que acabamos de empezar a descubrirlos.

Así pues, en el momento en el que te conviertas en paleontólogo, todavía quedarán muchos **descubrimientos fósiles asombrosos** por hacer, ¡y algunos de ellos los podrías hacer tú!

Sigue leyendo para descubrir cómo puedes convertirte en paleontólogo y estudiar los mundos prehistóricos.

Del trabajo sobre el terreno al laboratorio

Los fósiles tienen entre miles y millones de años y pueden ser muy frágiles. Los paleontólogos dedican algunos meses al año a desenterrar fósiles, lo que se denomina «trabajo sobre el terreno». Este trabajo implica varias acciones: desde saber dónde buscar los fósiles, transportarlos, limpiarlos y, finalmente, almacenarlos de forma segura.

La búsqueda de fósiles se llama «prospección».

Trabajo sobre el terreno: encontrar fósiles

Los paleontólogos no pueden empezar simplemente a excavar, sino que deben saber adónde ir. Por ejemplo, el *Spinosaurus* y el *T. rex* no se encontraban en el mismo lugar ni en la misma época. El *T. rex* vivió hace 66-68 millones de años en América del Norte, mientras que el *Spinosaurus* vivió hace 99-93 millones de años en Egipto. Los mapas geológicos muestran las capas de la superficie terrestre y su antigüedad. La cartografía puede ayudar a los paleontólogos a averiguar dónde puede encontrarse un fósil determinado, mientras que los fósiles de la superficie del terreno son una señal de que puede haber más bajo tierra.

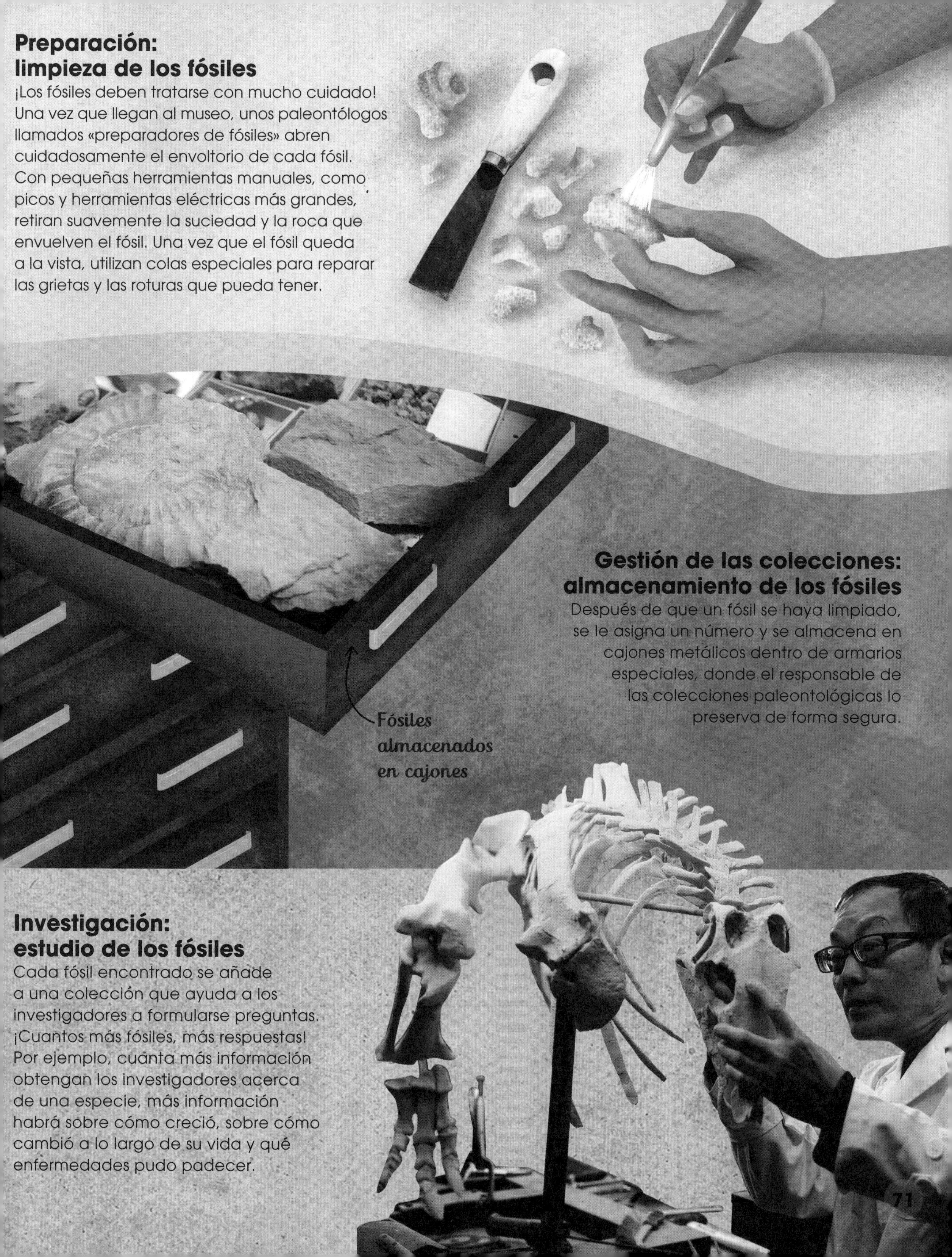

Preparación: limpieza de los fósiles

¡Los fósiles deben tratarse con mucho cuidado! Una vez que llegan al museo, unos paleontólogos llamados «preparadores de fósiles» abren cuidadosamente el envoltorio de cada fósil. Con pequeñas herramientas manuales, como picos y herramientas eléctricas más grandes, retiran suavemente la suciedad y la roca que envuelven el fósil. Una vez que el fósil queda a la vista, utilizan colas especiales para reparar las grietas y las roturas que pueda tener.

Gestión de las colecciones: almacenamiento de los fósiles

Después de que un fósil se haya limpiado, se le asigna un número y se almacena en cajones metálicos dentro de armarios especiales, donde el responsable de las colecciones paleontológicas lo preserva de forma segura.

Fósiles almacenados en cajones

Investigación: estudio de los fósiles

Cada fósil encontrado se añade a una colección que ayuda a los investigadores a formularse preguntas. ¡Cuantos más fósiles, más respuestas! Por ejemplo, cuánta más información obtengan los investigadores acerca de una especie, más información habrá sobre cómo creció, sobre cómo cambió a lo largo de su vida y qué enfermedades pudo padecer.

¿Qué nos queda por aprender?

Puesto que la paleontología es una ciencia con solo 200 años de existencia, ¡todavía tenemos mucho que aprender! A medida que evolucionan las nuevas tecnologías, encontramos nuevas formas de estudiar los fósiles, y solo hemos rascado la superficie de lo que hay que saber sobre los mundos prehistóricos.

¿Qué sonido hacían los dinosaurios?

Las aves y los cocodrilos son los parientes vivos más cercanos a los dinosaurios. Podemos observar cómo se comunican para imaginarnos los sonidos que hacía un dinosaurio. Por ejemplo, seguramente los dinosaurios no rugían como los mamíferos porque los mamíferos tienen unas cuerdas vocales muy diferentes a las de las aves o los cocodrilos.

Dar a luz
Los plesiosaurios, al poder dar a luz a crías vivas, no tenían que arrastrarse hasta tierra firme para poner huevos.

¿Algunos dinosaurios daban a luz a las crías?

Se han encontrado fósiles de plesiosaurios e ictiosaurios, reptiles marinos, con crías en desarrollo en el interior de las hembras, lo que nos indica que daban a luz en lugar de poner huevos. Aunque sabemos que la mayoría de los dinosaurios ponían huevos, todavía intentamos averiguar si alguno tuvo crías vivas como estas otras criaturas prehistóricas.

¿Qué aspecto tienen los huevos del *T. rex* y del *Triceratops*?

Aunque se han encontrado huevos de algunos terópodos y ceratopsios, todavía no se han hallado huevos de dos de los dinosaurios más famosos del mundo: el *T. rex* y el *Triceratops*.

¿Por qué ninguno de los dinosaurios no aviarios sobrevivió a la extinción?

¡Todavía no lo sabemos! Las aves son los únicos dinosaurios que sobrevivieron a la extinción, pero no estamos seguros de por qué no sobrevivió ningún otro dinosaurio no aviario de pequeñas dimensiones.

¡QUÉ LEJOS QUE HEMOS LLEGADO!

tamos constantemente haciendo descubrimientos sobre la vida en la Tierra hace millones de años. En 2023 se descubrió una nueva especie de dinosaurio (*Vectipelta barretti*). Sin embargo, para los paleontólogos, sigue habiendo muchas preguntas por responder...

¿Cómo eran las tripas de los dinosaurios?

Los huesos y la piel se fosilizan, pero no los órganos internos. ¿Cómo era el corazón de un dinosaurio? ¿Los dinosaurios como los pájaros tenían buche (una bolsa en la garganta para los alimentos) o solo estómago?

¿De qué color eran los dinosaurios?

Sabemos cómo analizar el color de los dinosaurios emplumados, pero no el de los dinosaurios no aviarios. Así que cuando pintes, ¡puedes seguir usando la imaginación!

Dedicarse a la paleontología

¿Quieres ser paleontólogo? ¡Genial! Hay muchos caminos que puedes seguir para dedicarte a la paleontología: leyendo este libro, ya vas por el buen camino. A continuación te explicamos algunas de las profesiones que te permitirán trabajar con fósiles.

Manipulación cuidadosa
Los responsables de las colecciones limpian y preservan los frágiles fósiles para el futuro.

Conocimiento del material
Los educadores leen muchos libros y revistas para obtener información sobre los nuevos y asombrosos descubrimientos fósiles.

Observación detallada
Al examinar los fósiles, las lupas permiten a los conservadores apreciar los detalles más diminutos.

CONSERVADOR

Las personas encargadas de los departamentos de Paleontología de los museos son los conservadores. Sus distintas funciones abarcan desde la organización de las expediciones veraniegas sobre el terreno para desenterrar nuevos especímenes hasta la investigación y la publicación de estudios sobre sus hallazgos.

RESPONSABLE DE COLECCIONES

Los responsables de colecciones son como bibliotecarios, pero, en lugar de ocuparse de libros, mantienen los fósiles a salvo en unos cajones y armarios especiales para su estudio. Las colecciones de fósiles se almacenen en lugares como museos y parques nacionales.

EDUCADOR

La finalidad principal de este rol es enseñar acerca de la prehistoria y los fósiles. La función de educador, que abarca tanto el hecho de trabajar en un museo como de ejercer de profesor universitario, te permite hablar a los demás de lo que te apasiona. ¡Incluso puedes inspirar a alguien a dedicarse a la paleontología!

PALEOARTISTA

Estos artistas especiales reconstruyen el aspecto que podían tener los fósiles y la vida extinguida. Emplean distintas formas de arte, desde dibujos y pinturas hasta esculturas y animación digital.

GUARDA DE PARQUES

Los guardas de parques y los paleontólogos gubernamentales trabajan para proteger y preservar los fósiles que se encuentran en terrenos públicos, como las tierras baldías y los desiertos.

GUARDA

MITIGADOR

Los mitigadores paleontológicos trabajan en obras de construcción para recuperar y salvar fósiles cuando los obreros están excavando.

Herramientas de trabajo
Bolsa de trabajo llena de herramientas.

CÓMO CONVERTIRSE EN PALEONTÓLOGO

No existe una única vía para adentrarse en la paleontología, pero seguir estos sencillos pasos es un buen punto de partida en tu viaje paleontológico:

1. Mantén la curiosidad: sigue aprendiendo, leyendo y formulándote preguntas.

2. Visita los museos: haz excursiones a museos e intenta ver fósiles allá donde vayas.

3. Estudia mucho: ¡presta atención en las clases de ciencias de la escuela!

4. Busca contactos: ponte en contacto con paleontólogos a los que admires o que trabajen en los museos o universidades de tu ciudad. ¡A ellos les gusta hablar con aficionados a los fósiles como tú!

PREPARADOR

Esta función consiste en cuidar de los fósiles utilizando herramientas especiales. Picos, pinceles, plumas neumáticas, entre otras, sirven para separar con cuidado los fósiles de las rocas. Los preparadores son expertos en la preservación de los fósiles, incluso fabrican pegamentos especiales para reparar fósiles frágiles.

Glosario

ADAPTARSE
El modo en que un ser vivo cambia con el paso del tiempo para sobrevivir mejor en su entorno.

ANTEPASADO
Animal o planta con el que un animal o planta más reciente está emparentado.

ARTRÓPODO
Grupo de invertebrados con esqueletos externos resistentes y cuerpos divididos en segmentos.

AVIARIO -A
Relacionado con las aves.

BUCHE
Parte del sistema digestivo de las aves en la que almacenan los alimentos después de tragarlos.

CAMBIO CLIMÁTICO
Cambio en la temperatura y la meteorología en la Tierra que puede ser natural o causado por la actividad humana.

CARROÑEAR
Recoger o buscar alimentos en una zona.

CATALOGAR
Elaborar una lista de objetos.

DIVERSIFICAR
Ser más variado.

ECOSISTEMA
Comunidad de seres vivos y su entorno no vivo, como el suelo, el agua y el aire que los rodea.

EROSIÓN
Cambios que se producen en la superficie de la Tierra a medida que el clima va desgastando sus características.

ESPECIE AMENAZADA
Especie animal o vegetal que está en peligro de extinción.

ESPECIE EXTINGUIDA
Cuando una especie vegetal o animal ha desaparecido para siempre.

EVOLUCIONAR
La forma en que los seres vivos cambian y se adaptan a lo largo del tiempo para poder sobrevivir.

EXTINCIÓN
Muerte de un gran número de seres vivos de la Tierra durante un corto período de tiempo.

GAS DE EFECTO INVERNADERO
Gas de la atmósfera de la Tierra que atrapa el calor, como un invernadero.

GENÉTICO -A
Relacionado con los orígenes de un ser vivo.

HERBÍVORO
Animal o dinosaurio que se alimenta únicamente de plantas.

INVERTEBRADO
Animal que no tiene columna vertebral.

MARINO -A
Que se encuentra en el mar.

MOLUSCO
Animal con un cuerpo blando y a menudo con valva, como una almeja.

NOCTURNO -A
Activo durante la noche.

ORGANISMO
Ser vivo.

PERMAFROST
Capa de suelo permanentemente congelado bajo tierra.

PLUMA NEUMÁTICA
Herramienta de preparación de fósiles que permite limpiar los fósiles con un chorro de aire.

SEDIMENTO
Material, como el barro y la arena, hecho a partir de materiales naturales molidos.

SOCIEDAD GEOLÓGICA
Asociación científica de la que forman parte geólogos con el objetivo de promover la geología y compartir sus hallazgos. En su inicio, las mujeres no podían ser miembros.

TEJIDO BLANDO
Material blando del cuerpo, como los músculos, la grasa o los vasos sanguíneos.

TRAPS SIBERIANOS
Región de roca volcánica en la actual Siberia, Rusia, que se formó a partir de varias erupciones volcánicas enormes.

TUNDRA
Zona fría sin árboles en la que el suelo permanece congelado.

VERTEBRADO
Animal que tiene columna vertebral.

Índice

actividad volcánica 30, 31, 37
ala 40-41
ámbar 7
amonites 42, 46, 47
anfibio 16, 21, 33, 36
animal gigante 66-67
Anning, Mary 46-47
anquilosaurios 38, 49
Antropoceno 63
Araeoscelis 17
Archaeopteryx 44-45
arcosaurios 32
arte rupestre 66
asteroide, impacto de 58, 62
Atopodentatus 35
ave 13, 31, 44-45, 57, 59, 72

ballena azul 66-67
belemnites 43, 47

cambio climático 26, 27, 31, 62, 63
carbonización 6
ceratopsios 49
cerebro (de dinosaurio) 53
comunicación (entre dinosaurios) 72
coprolito 42, 52
Costa Jurásica (Reino Unido) 46-47
Cotylorhynchus 17
cretácico, período 11, 26, 31, 50-51, 54-57
crocodilios 59, 72
Cymbospondylus 34

Darwin, Charles 11
Dimetrodon 16, 18-19
dinosaurio 12, 13, 30-31
- clasificación 48-49
- comunicación 72
- con armadura 38, 49
- con pico de pato 50-51
- crecimiento 52-53
- cresta 51
- cría viva 72
- determinación sexual 53
- emplumado 45
- evolución 29, 30, 32, 38
- extinción masiva 58-59, 73
- huevo 53, 72, 73
- paleobiología 52-53
- tejido blando 53, 73
- vuelo 40-41
- y ave 44-45

Diplocaulus 16
Drepanosaurus 33

Edad de Hielo 63
Edaphosaurus 17
Elasmosaurus 56
eoceno, período 62
era
- cenozoica 6, 62-67
- mesozoica 8-9, 30-31
- paleozoica 9, 14-27
- precámbrica 9

Eryops 16
escansoriopterígidos 40-41
estegosaurios 13, 38, 49
Estemmenosuchus 22-23
evolución 11
evolución humana 63
explosión cámbrica 15, 20, 21
extinción
- del Cretácico-Paleógeno (K-Pg) 31, 58-59, 61, 66
- del Pérmico-Triásico 26-27, 30, 32
- masiva 26-27, 31, 58-59, 73

felino de dientes de sable 12
formación eólica 37
formación Hell Creek (Estados Unidos) 54-55
fósil 5, 6-7
- almacenamiento 71
- color 45, 73
- Cretácico 54-55
- Jurásico 46-47
- limpieza 71
- Triásico 36-37
- vivo 24

fosilización 6-7

geología 10-11
ginkgo 24, 25
Gondwana 38
Gran Mortandad 26-27

hadrosáuridos 50-51, 52
Helicoprion 20
Herrerasaurus 36, 37
Hesperornis 57
holoceno, período 63
huevo (de dinosaurio) 53, 72, 73

ictiosaurios 46, 47, 72
insecto (gigante) 17
invertebrado 42

jurásico, período 11, 31, 38-47

lagarto 59
Laurasia 38
Leedsichthys 43
licopodios 24, 25
Liopleurodon 43

mamífero 31, 33, 39, 61-63
mamut lanudo 12, 66-67
Mar Interior Occidental 57
Marrella splendens 21
Meganeura 17
mioceno, período 63
molde 7
mosasaurios 12, 57
murciélago 41

Nothosaurus 35

océano 20-21, 34-35, 42-43, 56-57
oligoceno, período 62
Ophthalmosaurus 42
ornitisquios 48
ornitópodos 49
Otodus megalodon 67

paquicefalosaurios 49
paleoartista 75
paleoceno, período 62
paleontología / paleontólogo 5, 69, 70-73
- profesión 74-75

Pangea 11, 16, 20, 31, 38, 42
Paraceratherium 67
Parasaurolophus 13, 50-51
pérmico, período 16-27
petrificación 6
pez 56
planta
- Gran Mortandad 27
- Pérmico 24-25

pleistoceno, período 63
plesiosaurios 46, 47, 56, 72
plioceno, período 63
pluma 44, 45
pseudosuquios 32
pterosaurios 12, 32, 41, 47

rana 59
roca, datación 10

saurisquios 48
sauropodomorfos 49
saurópodos 39
Soliclymenia 21
Stethacanthus 20

tardígrados 59
temnospóndilos 33
tetrápodos 17
terápsidos 22, 23, 33
terópodos 49
tiburón 57
Tierra, evolución de la 11
Tiktaalik 21
Titanoboa 66
tortuga gigante 57
trabajo sobre el terreno 70
triásico, período 11, 30, 31-37
- animal 32-33
- océano 34-35

trilobites 15
tripa (de dinosaurio) 73
Tylosaurus 56
Tyrannosaurus rex 13, 29, 53, 54, 58, 70, 73

Valle de la Luna (Argentina) 36-37
vuelo, evolución del 41

Xiphactinus 56

Yi qi 13, 40-41

Animales prehistóricos de cado período

ERA PALEOZOICA

Devónico
(hace 416 millones de años)

Soliclymenia
Stethacanthus
Tiktaalik roseae

Carbonífero:
Pensilvánico
(hace 318 millones de años)
y Misisípico
(hace 359,2 millones de años)

Falcatus
Helicoprion
Meganeura

Pérmico
(hace 299 millones de años)

Araeoscelis
Cotylorhynchus
Dimetrodon
Edaphosaurus
Eryops
Estemmenosuchus
Inostrancevia
Moschops

ERA MESOZOICA

Triásico
(hace 252,2 millones de años)

Atopodentatus
Coelophysis
Cymbospondylus
Drepanosaurus
Elephantosaurus
Eoraptor
Ericiolacerta
Eryops
Eudimorphodon
Gerrothorax
Herrerasaurus
Ichthyosaurus
Lystrosaurus
Megalancosaurus
Morganucodon
Nothosaurus
Peltobatrachus
Pisanosaurus
Plateosaurus
Silesaurus
Siriusgnathus

Jurásico
(hace 199,6 millones de años)

Allosaurus
Apatosaurus
Archaeopteryx
Brachiosaurus
Cangrejo cacerola
Castorocauda
Dapedium politum
Dimorphodon
Diplodocus

Gargoyleosarurus
Gigantspinosaurus
Hadrocodium
Ichthyosaurus
Leedsichthys
Liopleurodon
Megazostrodon
Ophthalmosaurus
Pterodactylus
Rhomaleosaurus
Stegosaurus
Volaticotherium
Yi qi

Cretácico
(hace 145,5 millones de años)
Ankylosaurus
Archelon
Cretoxyrhina
Dromaeosaurus
Edmontosaurus
Elasmosaurus
Hesperornis
Hypsilophodon
Iguanodon
Microraptor
Pachycephalosaurus
Parasaurolophus
Patagotitan
Pteranodon
Sinosauropteryx
Styracosaurus
Tylosaurus
Triceratops
Tyrannosaurus rex
Velociraptor
Xiphactinus

ERA CENOZOICA

Paleoceno
(hace 66,5 millones de años)
Ceratodus
Gastornis
Plesiadapis
Taeniolabis
Titanoboa

Eoceno
(hace 55,8 millones de años)
Basilosaurus
Eohippus
Inkayacu
Knightia
Pakicetus
Uintatherium

Oligoceno
(hace 33,9 millones de años)
Coronodon
Daeodon
Dromornis
Hoplophoneus
Misticeto
Paleoparadoxia

Mioceno
(hace 23 millones de años)
Amphicyon
Gomphotherium
Pelagornis
Purussaurus

Neógeno
(este período incluye el Mioceno y el Plioceno)
Megalodon
Otodus megalodon
Paraceratherium
Smilodon (o felino de dientes de sable)

Plioceno
(hace 5,3 millones de años)
Australopithecus afarensis
Glyptodon
Megatherium
Otodus megalodon

Pleistoceno
(hace 1,8 millones de años)
Gigantpithecus
Homo sapiens
Mamut lanudo
Megalania

Agradecimientos

Las editoras agradecen su asistencia a las siguientes personas: Karen Chin, por el uso de sus imágenes; Helen Peters, por la elaboración del índice, y Caroline Hunt, por la revisión.

Ashley agradece a su marido, Lee, y a sus dos gatos su apoyo y su amor infinito.

CRÉDITOS DE IMÁGENES

Las editoras agradecen a los siguientes su permiso para reproducir sus fotografías. (Clave: a: arriba; b: bajo/debajo; c: centro; d: derecha; e: extremo; i: izquierda; s: superior)

2 Dorling Kindersley: Colin Keates / Natural History Museum, Londres (cia). **2-80 Dreamstime.com:** Designprintck (textura). **3 Dorling Kindersley:** Jon Hughes (sc). **4-5 Alamy Stock Photo:** Lee Rentz. **6 Alamy Stock Photo:** PhotoAlto sas / Jerome Gorin (cb). **Dreamstime.com:** Marcos Souza (cib). **Science Photo Library:** Dirk Wiersma (sd). **7 Alamy Stock Photo:** PRAWNS (si); Stefan Sollfors (cb). **Getty Images:** Feature China / Future Publishing (cib). **8 Dorling Kindersley:** Colin Keates / Natural History Museum, Londres (cb, sd). **9 Science Photo Library:** Millard H. Sharp (sc). **11 Dreamstime.com:** Onestar (si). **12 123RF.com:** Mark Turner (sd). **13 Dreamstime.com:** Isselee (sd). **14-15 Alamy Stock Photo:** Roland Bouvier.**16 Shutterstock.com:** Dotted Yeti (cib, cb). **16-17 Dreamstime.com:** Mark Turner (s). **17 Dreamstime.com:** Elena Duvernay (cd); Corey A Ford (sd); Mark Turner (cib). **18 Science Photo Library:** Millard H. Sharp (cib). **20-21 Dreamstime.com:** Alexander Ogurtsov (cb). **20 Alamy Stock Photo:** Hypersphere / Science Photo Library (cib). **Dorling Kindersley:** Colin Keates / Natural History Museum, Londres (bd). **21 naturepl.com:** Alex Mustard (cdb). **22-23 Dreamstime.com:** Linda Bucklin (c). **23 Dreamstime.com:** Victor Zherebtsov (sd). **25 Alamy Stock Photo:** Corbin17 (bc); Natural History Museum, Londres (si, sd, bd); Custom Life Science Images (bi). **Science Photo Library:** Kjell B. Sandved (sc). **26 123RF.com:** Corey A Ford (sd). **28-29 Alamy Stock Photo:** Jamie Pham. **30 123RF.com:** Corey A Ford (cda). **Dorling Kindersley:** Jon Hughes (bd). **31 Alamy Stock Photo:** Mohamad Haghani (cd). **Dorling Kindersley:** James Kuether (cdb). **Getty Images:** Moment / John Finney Photography (bd). **32 Dorling Kindersley:** Jon Hughes (cib). **37 Dorling Kindersley:** Jon Hughes (si). **38 Dreamstime.com:** Mark Turner (ci). **42-43 Dreamstime.com:** Cornelius20. **Shutterstock.com:** SciePro (c). **44 Dorling Kindersley:** Colin Keates / Natural History Museum, Londres (s). **44-45 Dreamstime.com:** Elena Duvernay (c). **45 123RF.com:** Michael Rosskothen (cda). **Science Photo Library:** Julius T Csotonyi (cd). **46 Alamy Stock Photo:** IanDagnall Computing (bi). **Shutterstock.com:** Simon J Beer. **47 Alamy Stock Photo:** David Buzzard (bi). **Science Photo Library:** Natural History Museum, Londres (sc). **48 123RF.com:** Corey A Ford (c). **Alamy Stock Photo:** Mark Garlick / Science Photo Library (cia). **Dorling Kindersley:** Jon Hughes (sc). **49 123RF.com:** Leonello Calvetti (cd); Corey A Ford (cib). **Dorling Kindersley:** Jon Hughes (si); James Kuether (bc). **50 123RF.com:** Mark Turner (ca). **Getty Images / iStock:** DmitriyKazitsyn (ci). **51 123RF.com:** Mark Turner (bd) **Dorling Kindersley:** Colin Keates / Natural History Museum, Londres (sd). **52 Photo by Karen Chin**; espécimen de las colecciones del Denver Museum of Nature and Science: (ci). **54 123RF.com:** Leonello Calvetti (cd). **Alamy Stock Photo:** Tim Fitzharris / Minden Pictures (bi). **57 Alamy Stock Photo:** Sebastian Kaulitzki / Science Photo Library (cdb). **Shutterstock.com:** SciePro (cb). **58 123RF.com:** Leonello Calvetti (ci). **59 Dreamstime.com:** Alslutsky (cd). **Shutterstock.com:** Dotted Yeti (sd). **60-61 Alamy Stock Photo:** Jim West. **62 123RF.com:** Ralf KRaft (cd). **Alamy Stock Photo:** Universal Images Group North America LLC / DeAgostini (cia). **Dreamstime.com:** William Roberts (cib). **Science Photo Library:** Roman Uchytel (cda). **Shutterstock.com:** SciePro (c). **63 Dorling Kindersley:** Dynamo (cia). **Dreamstime.com:** Corey A Ford (ca). **Getty Images / iStock:** CoreyFord (cb). **Science Photo Library:** John Bavaro Fine Art (cda). **64 Alamy Stock Photo:** GRANGER - Historical Picture Archive (cib). **65 Alamy Stock Photo:** Science Picture Co (sd). **66-67 Getty Images / iStock:** DigitalVision Vectors / aelitta (Silhouettes). **66 Alamy Stock Photo:** Friedrich Saurer (ca). **67 Getty Images / iStock:** CoreyFord (b). **Science Photo Library:** Roman Uchytel (sd). **68-69 Alamy Stock Photo:** Brusini Aurlien / Hemis.fr. **71 Alamy Stock Photo:** Qin Tingfu / Xinhua (bd); Bodo Schackow / dpa-Zentralbild / ZB (cia). **Getty Images:** Moment / Jordi Salas (sd). **74 Shutterstock.com:** PolinaPersikova (ci). **75 Getty Images / iStock:** fares139 (cia). **Science Photo Library:** Pascal Goetgheluck (cdb) **Imágenes de la cubierta:** *Cubierta frontal:* **123RF.com:** Leonello Calvetti cd, Corey A Ford ca, Mark Turner si; **Dorling Kindersley:** Andy Crawford / Roby Braun cib, Jon Hughes ci; **Dreamstime.com:** Designprintck (textura) Mark Turner cdb; **Getty Images / iStock:** CoreyFord cia; *Contracubierta:* **123RF.com:** Leonello Calvetti ci, Corey A Ford ca, Mark Turner sd; **Dorling Kindersley:** Andy Crawford / Roby Braun cdb, Jon Hughes cd; **Dreamstime.com:** Designprintck (textura), Mark Turner cib; **Getty Images / iStock:** CoreyFord cda.

Resto de las imágenes © Dorling Kindersley

SOBRE LA ILUSTRADORA

Claire McElfatrick es una artista *freelance*. Sus bonitas ilustraciones dibujadas a mano y collages se inspiran en la Inglaterra rural que la vio nacer. Claire ha ilustrado todos los libros de esta serie: *La magia y los misterios de los árboles, La vida secreta de los insectos, La vida secreta de los océanos, La vida secreta de las aves y La vida secreta del hielo.*